スタート！ドイツ語 B1

Start! Deutsch

B1

音声無料ダウンロード

岡村りら　矢羽々崇　山本淳
渡部重美　アンゲリカ・ヴェルナー　著

収録音源について

本書には音源を収録した箇所に以下のアイコンを掲載しています。

⬇ **DL** →この音声データは白水社のホームページよりダウンロードできます。

 https://www.hakusuisha.co.jp/book/b602613.html

→各ページの QR コードを読み取ると収録音源を聞くことができます。

装　　丁	森デザイン室
イラスト	鹿野理恵子
音源吹込	Marei Mentlein / Matthias Wittig
組　　版	株式会社エディポック

ドイツ語の世界をより深く楽しみましょう！

　本書を手にする皆さんは、ドイツ語の初級レベルを終えて、中級レベルに進もうとしています。皆さんのこれまでの成果に心からのお祝いを申し上げます。Herzlichen Glückwunsch!

　本シリーズの特徴は、反復練習です。これは中級になっても変わりません。同じ表現がどのような場面でどう使われるかを何度も聞いたり読んだりして、それを自分でも話したり書いたりできるようになることを目指しています。

　中級になると、初級の時のような勉強した分だけ伸びていく実感はあまりないでしょう。それでも、地道に続けるなかで、あるときふっと振り返ると、ひとつステップアップしている自分を発見できるはずです。いつか必ず来るステップアップを目指して、着実に歩んでみてください。

　B1レベルでは、より広く深い学びが求められます。そして日本語を参照せずに、ドイツ語だけでどんどん学べるのが理想です。とはいえ、最初からそのレベルに行くのは大変です。そこで本書は、B1レベルを目指す皆さんの最初の土台となることを考えて作りました。この本で足がかりを作って、ぜひ自分なりの学習を深めてください。そのためのヒントも巻末に挙げてみました。

　このB1で学ぶことのひとつに受動の過去形がありますが、

　Rom wurde nicht an einem Tag erbaut.
　ローマは一日にしてならず

という表現を皆さんに贈ります。皆さんの挑戦と着実な努力が実を結ぶことを、心から願っております。

　本書をまとめるにあたり、白水社編集部の岩堀雅己さんには今回も大変お世話になりました。コロナ禍のもと、遠隔授業への対応などで執筆が滞るなか、辛抱強く待ち、かつ励ましていただきました。この場を借りて心よりお礼を申し上げます。

　Herzlichen Dank!

2022年春

著者一同

本書の使い方

　この本の到達目標としたのは、ヨーロッパ共通言語参照枠６段階の３番目のレベルである B1（ベー・アインス）です。私たちの言葉で表現すると、できるようになることは次の３点にまとめられます。

1 仕事や学校などを含めた日常生活の、さらに広い範囲のことがらを理解できる

2 日常生活のより広いさまざまな状況において、発信できる

3 より自立的にコミュニケーションできるようになる

●各ユニットの構成

「話してみよう」では、基本表現の入った会話を
聞いて／読んでみましょう。できれば口に出して
練習すると効果的です。時間があれば暗記できる
くらいにやってみましょう。

「もっと知りたいドイツ語表現」では、基本表現を
さまざまに言い換える練習をします。ここも実際に
発音して、ドイツ語を体にしみこませましょう。

「語彙を増やそう」では、基本表現に関連する単語や熟語表現などを一覧にまとめています。丸暗記する必要はありません。折にふれて、「こんな場合にはどう言えるだろう」とチェックしてください。

「聞き取ってみよう」では、大まかな情報をつかみ取る練習をします。繰り返して聞いてもかまいません。

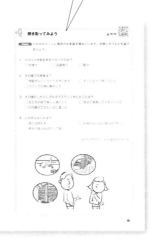

「表現してみよう」は、基本表現をもとにバリエーションをつけて、ひとつひとつの文レベルでの応答を出発点に、まとまった文章や会話を自分で作る練習をします。1回でうまくできなくても（あたりまえ！）、何度か繰り返してみてください。

「読んでみよう」でも、1字1句キチンと読むのではなく、大まかな情報をつかむ練習をしましょう。少しでも自力で分かった部分があれば、自分をほめてあげましょう！

「書いてみよう」で、より能動的に発信する練習をします。「学び」は「真似び」。まずは同じように表現してみましょう。

「ドイツ語の仕組み」ではこれまでの表現がどういう仕組みに基づいていたのかを、分かりやすく説明しています。仕組みの暗記をするためではありません。基本表現からの応用力をつけるためだと考えてください。

折り返し練習もぜひ！

ひととおり通して学んだら、今度はテクストを別の側面から使い倒しましょう。

○たとえば「話してみよう」や「読んでみよう」、「書いてみよう」などのテクストを、聞き取り練習やディクタート（聞いたまま1語1語書き取る練習）に使ってはどうでしょうか。

○「話してみよう」「聞き取ってみよう」などの日本語訳を、逆にドイツ語にしてみましょう。

○さらには、応答までの時間や発音する時間が速くなるように何度も練習してみませんか。

では、**Viel Erfolg!**「うまく行きますように！」

目次

Ich bin ja erst in dieses Projekt eingestiegen, nachdem schon der größte Teil fertig war.

 話してみよう

⬇ DL 02

DIALOG Die erste Präsentation (1) 〜〜〜〜〜〜〜〜〜〜〜〜〜〜〜〜〜〜〜

インターンシップではじめてのプレゼンをしたハナです。

Sven: Hana, du kommst heute aber spät nach Hause! Wie war denn deine erste Präsentation bei deinem neuen Praktikum?

Hana: Es ist ziemlich gut gelaufen! Ich habe die Präsentation ja zusammen mit Harald Meyer und Klaus König gemacht, meinen Kollegen. Harald hat schon viel Erfahrung mit so etwas und hat die Powerpoints richtig toll gestaltet, das Design war super gemacht.

Sven: Das hilft sicher! Aber was hast du gemacht?

Hana: Ja, ich hatte die Aufgabe, das Ergebnis unseres Projekts zu formulieren und vorzutragen.

Sven: Oh, den schwierigsten Teil!

Hana: Na ja, nicht wirklich. Ich bin ja erst in dieses Projekt eingestiegen, nachdem schon der größte Teil fertig war. Unser Kollege Klaus hat das Projekt erklärt, Harald hat die ganze Sache attraktiv gestaltet, danach habe ich zusammengefasst und ein bisschen gesprochen.

Sven: Aber das war doch sicher schwer, in einer Fremdsprache, oder?

Hana: Am Anfang schon. Ich habe alles aufgeschrieben so gut ich konnte, das heißt mit Hilfe von Wörterbüchern und digitalen Medien, dann habe ich es von einer deutschen Kollegin korrigieren lassen. Ich hatte schon eine ganze Menge Fehler drin – oder besser „So sagt man das nicht"-Korrekturen!

もっと知りたいドイツ語表現

⬇ DL 03

● 立体的な文のつなぎかた（und だけでなく、dann/danach などの副詞的接続詞で文をつなぎましょう）

Harald hat die ganze Sache attraktiv gestaltet, **danach** habe ich zusammengefasst und ein bisschen gesprochen.

ハラルトが全体を関心を惹くように作って、その後で私がまとめてちょっとだけ話した。

Ich habe alles aufgeschrieben, **dann** habe ich es von einer deutschen Kollegin korrigieren lassen.

すべて書き出して、それからドイツ人の女性の同僚に直してもらった。

訳 ── はじめてのプレゼン（1）

スヴェン： ハナ、今晩はずいぶんと遅く帰って来たね。新しいインターン先での最初のプレゼンはどうだった？

ハナ： けっこう上手くいったわよ。プレゼンを一緒にしたのは、同僚のハラルト・マイアーとクラウス・ケーニヒ。ハラルトはこういうことの経験が豊富で、パワーポイントをとても素晴らしく作って入れて、デザインも最高だった。

スヴェン： それは確かに役に立つよね！ それで君は何をしたの？

ハナ： そうね、私たちのプロジェクトの結果をまとめて話すことが仕事だった。

スヴェン： おいおい、一番難しい部分だね！

ハナ： まあね、そうでもなかった。私がこのプロジェクトに入ったのは、大半ができあがってからだったの。同僚のクラウスがプロジェクトを説明して、ハラルトが全体を関心を惹くように作って、その後で私がまとめてちょっとだけ話したの。

スヴェン： だけど、きっと大変だったよね、外国語でだもの。でしょ？

ハナ： 最初はそうだった。辞書やデジタルメディアの力も借りて、できる限りすべて書き出して、それからドイツ人の女性の同僚に直してもらった。たくさん間違いがあった。より正確には「（文法的には可能だけど）そうは言わない」という修正ね！

語句 ── erst：最初の　　die Präsentation：プレゼンテーション　　spät：遅く
das Praktikum：インターンシップ　　ziemlich：かなり　　laufen：(事物が)進む
der Kollege, -n：同僚　　Erfahrung haben：(職業)経験が豊富である
so etwas：そうしたこと　　das Powerpoint, -s：パワーポイント　　richtig：本当に
toll：素晴らしい　　gestalten：形作る　　das Design：デザイン　　helfen：役に立つ
die Aufgabe：課題　　das Ergebnis：結果　　das Projekt：プロジェクト
formulieren：言葉でまとめる　　vor|tragen：発表する　　der Teil：部分
ein|steigen：入る　　nachdem：～した後で　　der größte Teil：ほとんどの部分
fertig：終わった　　erklären：説明する　　attraktiv：魅力的に　　danach：その後で
zusammen|fassen：まとめる　　ein bisschen：少し　　die Fremdsprache：外国語
am Anfang：はじめに　　schon：もちろん　　auf|schreiben：メモする
so gut ...：できるだけ…　　mit Hilfe von ...[3]：…の助けを借りて
das Medium, Medien：メディア　　dann：それから　　korrigieren：修正する
lassen：～してもらう　　eine (ganze) Menge ...：(とても)たくさんの…
der Fehler, -：間違い　　die Korrektur, -en：修正

Hana hat den Plan erklärt, danach/dann haben alle über den Inhalt diskutiert.
ハナは計画を説明し、その後で / それから皆が内容について議論した。

Sven hat seine Hausarbeit geschrieben, danach/dann hat sein Freund sie korrigiert.
スヴェンはレポートを書き、その後で / それから友だちが修正した。

Ich habe einen Text verfasst, danach/dann habe ich ihn auswendig gelernt.
私は文章を書き、その後で / それから暗記した。

語彙を増やそう [職業・仕事]

● 職業／職業訓練

die Arbeit, -en 仕事　　der Beruf, -e 職業　　der Job, -s アルバイト

die Stelle, -n 職、勤め口

arbeiten 働く　　　　jobben アルバイトする

angestellt 会社勤めの　selbstständig 自営の　arbeitslos 失業した

der/die Angestellte（形容詞変化）会社員　　der Beamte（形容詞変化）/die Beamtin 公務員

der/die Arbeiter/in 労働者　　　　der/die Handwerker/in 職人

das Praktikum, -tika インターンシップ　der/die Praktikant/in 実習生

die Ausbildung, -en 職業訓練　　　der/die Azubi (=Auszubildende), -s 職業訓練生

der Geselle, -n 職人　　　　　　　der/die Meister/in マイスター、親方

● 職場／仕事

die Firma, -en 会社　　　　　die Gesellschaft, -en/das Unternehmen, – 企業

die Fabrik, -en 工場　　　　　die Werkstatt, -stätten 工房

der Arbeitsplatz, -plätze 職場　das Büro, -s オフィス

der/die Direktor/in 社長、所長　der/die Unternehmer/in 経営者

der/die Arbeitgeber/in 使用者　der/die Arbeitnehmer/in / Mitarbeiter/in 従業員

der/die Chef/in 上司　　der/die Kollege/Kollegin 同僚　das Mitglied, -er メンバー

die Abteilung, -en 部署、課　der/die Leiter/in 長、責任者　die Karriere, -n キャリア、出世

das Gehalt, -hälter 給料　der Lohn, Löhne 賃金　　der Bonus, – ボーナス

das Einkommen, – 収入　die Steuer, – 税金　　die Rente, -n 年金

die Gewerkschaft, -en 労働組合

das Telefon, -e 電話　　telefonieren 電話で話をする　an|rufen 電話をかける

die E-Mail / Mail, -s メール　die E-Mail-Adresse, -n メール・アドレス

mailen メールを送る

der Anhang, -hänge 添付ファイル ＞ im Anhang 添付ファイルで

das Fax, – ファックス　　schicken 送る

der Schreibtisch, -e 机　der PC, -[s] PC　der Drucker, – プリンタ　aus|drucken 印刷する

das Kopiergerät, -e / der Kopierer, – コピー機　　　　kopieren コピーする

die Arbeitszeit, -en 勤務時間　　die Pause, -n 休憩　die Sitzung, -en 会議

pl. Überstunden 残業 ＞Überstunden machen 残業する

die Verabredung, -en （会う）約束　der Termin, -e （会合などの）約束、アポイントメント、期日

die Visitenkarte, -n 名刺　pl. Unterlagen 書類　der Bericht, -e 報告(書)　berichten 報告する

pünktlich 時間通り　　planmäßig 予定通り　fleißig 勤勉な　　beschäftigt 忙しい

geschäftlich 商用で　die Geschäftsreise, -n 出張

an|fangen / beginnen 始まる ⇔ enden 終わる

die Verantwortung 責任 ＞ Verantwortung tragen 責任を担う

聞き取ってみよう

↓ DL 04

Szene ハナがスヴェンに最近の出来事を尋ねています。内容に合うものを選びましょう。

1. スヴェンが足止めをくらったのは？
   - ☐ 空港で　　　　☐ 図書館で　　　　☐ 駅で

2. その場での状況は？
   - ☐ 情報がなくイライラさせられた　　☐ ずっと立って待っていた
   - ☐ カフェで仕事に集中した

3. その後行ったハンブルクでスヴェンがしたことは？
   - ☐ 友だちの家で楽しく過ごした　　☐ 学会で発表してうまくいった
   - ☐ 市内観光でひどい目に遭った

4. ハナのコメントは？
   - ☐ 急がばまわれ　　　　　　　　☐ 行きはよいよい帰りはこわい
   - ☐ 終わり良ければすべて良し

（トランスクリプションと訳は131ページ）

表現してみよう

❶ 過去のことを少し詳しく話す練習をしてみましょう。現在形で書かれた次の会話を、過去の話として、適宜、現在完了形や過去形の文に書き換えてください。

＊多くの動詞の場合、日常的な過去［会話や手紙など］では現在完了形を（記録的・物語的な過去［報告や小説など］では過去形を）用います。sein/haben/werden/話法の助動詞などは、日常でも過去形が比較的多く使われます（ただし南ドイツやオーストリアでは、現在完了形がより好んで用いられます）。

1）〈現在形の会話〉　あなた（◇）が、ドイツ人の知り合い（◆）に週末のことを尋ねています。

◇ Was machen Sie am Wochenende?

◆ Am Wochenende? Da fahre ich nach Kamakura, um den „Daibutsu", den Großen Buddha, zu besichtigen. Das ist eines meiner Reiseziele.

◇ Schön. Und dann?

◆ Dann besuche ich den Zeniarai-Benten-Schrein. Da möchte ich unbedingt einmal Geld waschen, um reich zu werden.

◇ Haha. Und danach?

◆ Danach fahre ich nach Yokohama. Am Abend esse ich dort gut chinesisch.

◇ Klingt sehr interessant. Dann viel Spaß!

ヒント ―― besichtigen：見学する　das Reiseziel, -e：旅行の目的地
　　　　　chinesisch essen：中国料理を食べる

〈問題〉　上述の会話の内容を過去のこととして、◆のセリフを書き換えてください。

DL 05

◇ Was haben Sie am Wochenende gemacht?

◆ Am Wochenende? Da … ＿＿＿＿＿＿＿＿＿＿＿＿＿.

◇ Schön. Und dann?

◆ Dann … ＿＿＿＿＿＿＿＿＿＿＿＿＿＿＿＿＿＿＿.

◇ Haha. Und danach?

◆ Danach … ＿＿＿＿＿＿＿＿＿＿＿＿＿＿＿＿＿＿.

◇ Sehr interessant. Wollen wir dann am nächsten Wochenende zusammen nach Nikko reisen?

❷ 次の会話を音読しましょう。さらにヒントを参考にして日本語にしてみましょう。

Szene あなた（◇）がドイツ人の友人（◆）に前の夏の旅行について話しています。

DL 06

◇ Ich bin letzten Sommer nach Weimar gereist.

◆ Schön! Und was hast du dort gesehen?

◇ Zuerst habe ich das neue Bauhaus-Museum besucht. Das wurde im April 2019 eröffnet und ich wollte unbedingt einmal dorthin gehen.

◆ Wie hat es dir dort gefallen?

◇ Sehr gut, es ist sehr interessant. Da konnte ich viel über die Geschichte der bedeutendsten Design- und Kunstschule des 20. Jahrhunderts lernen.

◆ Und dann?

◇ Dann bin ich zum Goethe-Nationalmuseum mit Wohnhaus und anschließend zu Schillers Wohnhaus gegangen.

◆ Hast du auch die Gedenkstätte Buchenwald besucht?

◇ Nein, leider hatte ich dazu keine Zeit. Danach musste ich zum Hotel zurückgehen, um einen Bekannten zu treffen.

ヒント──Weimar：ドイツ中部の文化都市　das neue Bauhausmuseum Weimar：新バウハウス・ミュージアム（2019年4月開館）　die Geschichte：歴史　bedeutend：重要な　das Jahrhundert：世紀　das Wohnhaus：住居　die Gedenkstätte：記念の地（ここでは強制収容所跡地）　der/die Bekannte〔形容詞変化〕：知り合い

❸あなた（◇）が、ドイツ人の友人（◆）に週末のことを聞かれました。ヒントを参考に、ドイツ語で答えてください。

◆ Was hast du denn am Wochenende gemacht?

◇ 週末かい？　週末は、ドイツから来た知り合いと（mit einem Bekannten aus Deutschland）日光へ行った（fahren > gefahren）よ。

DL 07

◆ Schön. Und was habt ihr dort gesehen?

◇ 最初に（zuerst）ぼくたちは、東照宮（der Toshogu-Schrein）を見学した（besichtigen>besichtigt）んだ。陽明門（das Sonnenlichts-Tor, Youmei-mon）は、とりわけ（besonders）印象的（eindrucksvoll sein）だった。

◆ Schön. Und dann?

◇ それから（dann）バスで中禅寺湖（der See Chuzenji）へ行ったんだ。湖畔で（am See）すばらしい気分で（wunderbar）くつろ（sich⁴ entspannen）げたよ。その後（danach）旅館（das Ryokan, das Hotel im japanischen Stil）へ行って、そこで温泉（das Onsen, die heiße Quelle）を楽しんだ（genießen > genossen）んだ。

解答例

❶◆Da bin ich nach Kamakura gefahren, um den „Daibutsu", den Großen Buddha, zu besichtigen. Das war eines meiner Reiseziele. ◆Dann habe ich den Zeniarai-Benten-Schrein besucht. Da wollte ich unbedingt einmal Geld waschen, um reich zu werden. ◆Danach bin ich nach Yokohama gefahren. Am Abend habe ich dort gut chinesisch gegessen.

❷ シーン
◇ぼくはこの前の夏、ヴァイマルへ旅行したんだ。　◆いいね！ で、そこで何を見たんだい？　◇最初に新バウハウス・ミュージアムを訪問したよ。それは2019年4月に開館し（開設され）たんだけど、どうしても一度そこへ行きたかったよ。　◆そこは気に入ったかい？　◇とても、それにすごく興味深かった。そこでは20世紀のもっとも重要なデザイン・工芸学校の歴史について、多くを学ぶことができたよ。　◆で、それから？　◇それからゲーテの住居でもあったゲーテ国立博物館と、さらにシラーの住居に行ったんだ。　◆ブーヘンヴァルト強制収容所跡も訪れたかい？　◇いや、残念ながらその時間がなかったんだ。その後、知り合いに会うために、ホテルへ戻らなきゃならなくて。

❸◇Am Wochenende? Da bin ich mit einem Bekannten aus Deutschland nach Nikko gefahren. ◇Zuerst haben wir den Toshogu-Schrein besichtigt. Das Sonnenlichts-Tor, Yomei-mon, war besonders eindrucksvoll. ◇Dann sind wir mit dem Bus an den See Chuzenji gefahren. Am See konnten wir uns wunderbar entspannen. Danach sind wir zu cinem Ryokan, einem Hotel im japanischen Stil, gegangen und haben dort das Onsen, die heiße Quelle, genossen.

Tatort

Kommissar Zufall fuhr gegen Mitternacht zum Haus von Herrn Streit. Der Kommissar ging in das Schlafzimmer. Herr Streit lag auf dem Bett, er war bereits tot. Er wurde mit einem Messer erstochen. Herr Streit wohnte im gleichen Haus mit seiner Haushälterin, Frau Schlachter, die den Notruf wählte. Sie entdeckte die Leiche. Der Kommissar fragte sie:

Kommissar: Frau Schlachter, bitte erzählen Sie, was Sie gesehen haben.

Schlachter: Alles ist genauso gelaufen wie immer. Nachdem Herr Streit zu Abend gegessen hatte, hat er die Zeitung gelesen und ein Glas Wein getrunken. Dann gegen 23 Uhr hat er „Gute Nacht" gesagt, ist die Treppe hoch und in sein Zimmer gegangen.

Kommissar: Und was ist danach passiert? Haben Sie nichts gesehen, nichts gehört?

Schlachter: Nachdem er in sein Zimmer gegangen war, habe ich das Wohnzimmer aufgeräumt. Und ungefähr eine halbe Stunde später habe ich einen furchtbaren Schlag aus seinem Zimmer gehört. Ich bin schnell hinein gegangen, dort hat er auf dem Bett gelegen. Ich war sehr schockiert und habe sofort die Polizei angerufen ...

読みのヒント —— der Kommissar：警部　fuhr < fahren「(乗り物で)行く」の過去形
gegen：〜(時)頃に　die Mitternacht：午前零時　ging < gehen「行く」の過去形
das Schlafzimmer：寝室　lag < liegen「横たわっている」の過去形　bereits：もう、すでに
tot：死んでいる　das Messer：ナイフ　wurde ... erstochen < erstechen「刺す」の受動・
過去形　die Haushälterin：家政婦　der Notruf：緊急電話〔ドイツでは警察へは110、消防
や救急は112〕　entdecken：発見する　die Leiche：死体　erzählen：話して聞かせる
genauso wie immer：すっかりいつもと同じように　gelaufen < laufen「進む、進行する」
の過去分詞　nachdem：〜した後で　die Treppe hoch：階段を上がって
passiert < passieren「生じる」の過去分詞〔-ieren型動詞では過去分詞でge-をつけません。〕
aufgeräumt < auf|räumen「片づける」の過去分詞　ungefähr：おおよそ
furchtbar：ひどい、恐ろしい　der Schlag：衝撃(音)　schockieren：ショックを与える
an|rufen：電話する

訳例 —— 犯行現場

Zufall警部は午前零時頃、Streitさんの家へ行った。警部が寝室へ行くと、Streitさんはベッドに横たわっており、すでに死亡していた。彼はナイフで刺殺されていた。Streitさんは緊急電話をかけた家政婦のSchlachterさんと一緒に住んでいた。彼女が死体を発見した。警部は彼女に尋ねた。

警部　　　Schlachterさん、あなたが見たことを聞かせてください。

Schlachter すべていつも通りでした。Streitさんは晩御飯を食べた後、新聞を読みワインを一杯飲みました。そして23時ころ「おやすみ」と言って、階段を上がり部屋へと入っていきました。

警部　　　そして、その後何が起こったのですか？ 何も見たり、聞いたりしませんでしか？

Schlachter 彼が部屋に入った後、私はリビングを片づけました。30分ほどした後、彼の部屋から恐ろしい物音がしたのを聞きました。急いで部屋に行くと、彼はベッドに横たわっていました。私はびっくりしてすぐに警察に電話したんです…。

Das Grüne Band

Fast 40 Jahre lang war Deutschland geteilt. Die ehemalige innerdeutsche Grenze war 1.400 Kilometer lang, von der Ostsee bis nach Bayern, mit einem zwischen 50 und 200 Meter breiten Geländestreifen.

Die Grenze wurde mit hohen Mauern, Stacheldraht und Wachtürmen streng bewacht, sie war für die Menschen eine tödliche Gefahr. Aber sie gab der Natur in dem „Todesstreifen", wo keine Menschen waren, eine außergewöhnliche Pause. Bedrohte Tiere und Pflanzen hatten dort eine ungestörte Ruhe gefunden.

Die Grenze wurde abgebaut und das Gebiet wurde zum „Grünen Band". Das Grüne Band ist jetzt der größte Biotop Deutschlands. Dazu gehören 150 Naturschutzgebiete, dort leben 600 in Deutschland bedrohte Tier- und Pflanzenarten. Es gibt auch Grenzmuseen und -denkmäler. Man kann nicht nur die Natur genießen, sondern auch die Geschichte des geteilten Deutschlands kennenlernen.

読みのヒント ── fast：ほとんど、ほぼ　geteilt < teilen：分割する、分かれる
ehemalig：かつての　innerdeutsch：ドイツ国内の　die Grenze：国境
die Ostsee：バルト海　der Geländestreifen：地帯　die Mauer：壁
der Stacheldraht：有刺鉄線　Wachtürmen：der Wachturm「監視塔」の複数形Wachtürme
の3格　bewacht < bewachen「見張る」の過去分詞　tödlich：命にかかわる
die Gefahr：危険　außergewöhnlich：特別な　der Todesstreifen：死の地帯
ungestört：邪魔されない　die Ruhe：平穏、静けさ　abgebaut < ab|bauen「解体、撤廃する」の過去分詞　der Biotop：ビオトープ（生物の生息空間）　zu …³ gehören：…に属する
das Naturschutzgebiet：自然保護地区　die Art, -en：種　genießen：享受する
nicht nur A, sondern auch B：AだけでなくBも　kennen|lernen：知る、体験する

訳例 ── グリーンベルト
ほぼ40年間ドイツは分断されていました。かつてのドイツ国内の国境地帯は、バルト海からバイエルンまで1400キロメートルの長さ、50～200メートルの幅がありました。国境は高い壁と有刺鉄線、監視塔によって厳しく見張られており、人間にとっては命にかかわる危険がありました。しかし、人間がいない「死の地帯」の自然にはまたとない休息がもたらされていました。絶滅に瀕した動物や植物は、そこで邪魔されない静寂を見つけたのです。
国境はなくなり、その地域は「グリーンベルト」となりました。グリーンベルトは現在ドイツ最大のビオトープとなっています。グリーンベルトには150もの自然保護地域があり、ドイツで絶滅に瀕する600もの種がそこに生息しています。グリーンベルトには分断時代の博物館や記念碑もあり、自然を楽しむだけではなく、ドイツの歴史を知ることもできます。

書いてみよう

ここでは、日常生活での、特にメールなどで「書く」ことを想定した練習をします。

[お礼の表現]

Vielen Dank

Herzlichen Dank für die Mail. Darüber habe ich mich sehr gefreut.

Besten Dank

メールをどうもありがとう。とても嬉しかったです。

für den Anruf	電話
für dein Geschenk	君からのプレゼント
für Ihr Kommen	あなたが来てくれたこと
für den Besuch	訪問
für die Antwort	返事
für die Glückwünsche	お祝いの言葉

Ich danke Ihnen für Ihr Verständnis. Das hat mich sehr gefreut.

理解いただき、ありがとうございます。とても嬉しかったです。

für Ihre Einladung zur Party	招待いただき
für Ihre Rücksicht	配慮していただき
dafür, dass Sie uns besucht haben	私たちを訪ねていただき

[上のレベルの表現]

Ich bedanke mich (bei Ihnen) **für** Ihre Mühe.

あなたのご尽力に感謝いたします。

Wir bedanken uns (bei Ihnen) **für** Ihre Unterstützung.

みなさまのご支援に感謝いたします。

過去のことにお礼を言う表現だけでなく、日本語の「よろしく」に相当する表現もできます。

Können Sie das bitte morgen erledigen? **Besten Dank im Voraus.**

それを明日済ませてくれますか? よろしくお願いしますね。

[実践編]

DL 10

Frau Elmer, Ihre Deutschlehrerin, hat ihre Kursteilnehmer zu einer Party am Wochenende eingeladen. Schreiben Sie eine Mail. Danken Sie ihr und fragen sie, was Sie mitbringen sollten. Vergessen Sie nicht die Anrede, den Schluss und Ihren Namen.

ドイツ語の先生のエルマー先生（女性）が、コース参加者を週末のパーティーに招待してくれました。お礼のメールを書きましょう。お礼の言葉を書いて、何を持って行けばいいのか聞いてください。呼びかけ、結びの言葉、署名を忘れずに。

Liebe Frau Elmer,

herzlichen Dank für Ihre Einladung zur Party. Darüber habe ich mich sehr gefreut.
Dazu hätte ich eine Frage: Soll ich etwas mitbringen? Wein, etwas zu essen, oder …?
Für Ihre Antwort wäre ich sehr dankbar.

Viele Grüße
Hana Aoyama

訳例：親愛なるエルマーさま、// パーティへの招待をどうもありがとうございます。とても嬉しく思いました。これについて質問がひとつあります。何か持って行くとよいでしょうか。ワイン、食べ物、あるいは…？ お返事よろしくお願いします。// 敬具 / ハナ・アオヤマ

［練習］ 上の文や前のページを参考にしつつ、今度は自分でチャレンジしてみましょう。

Herr Schmidt, Ihr Deutschlehrer, hat seine Kursteilnehmer zu einem gemeinsamen Ausflug eingeladen. Schreiben Sie eine Mail. Danken Sie ihm und fragen ihn, was Sie mitbringen sollten. Vergessen Sie nicht die Anrede, den Schluss und Ihren Namen.

_____ _____ Schmidt,

_____ _____ für die _____ zum _____ !

Das hat _____ sehr _____ . Ich _____ eine _____ :

Was _____ ich _____ ?

_____ Ihre _____ _____ ich sehr _____ .

Viele _____

_____ （サイン）

DL 11

問題文訳例：あなたのドイツ語の先生のシュミットさんが、コース参加者をみんなで行く遠足に招待しました。メールを書きましょう。お礼を述べ、何を持って行けばいいか質問してください。呼びかけ、結び、名前を忘れずに。

解答例：Lieber Herr Schmidt, // herzlichen Dank für die Einladung zum Ausflug! Das hat mich sehr gefreut. Ich hätte eine Frage: Was soll ich mitbringen? Für Ihre Antwort wäre ich sehr dankbar. // Viele Grüße / Hana Aoyama

訳例：親愛なるシュミット様、// 小旅行・遠足への招待をどうもありがとうございます。とても嬉しかったです。質問があるのですが。何を持って行けばいいでしょうか。お返事よろしくお願いします。// 敬具

1．過去の表現（まとめ）

　ドイツ語では、過去のことを表現するのに、過去形と現在完了形の２つがありましたね。過去形は、物語やメルヒェンなどで過去の出来事を、現在とは切り離して客観的に述べる際に使い、現在完了形は過去の出来事を現在との関係で述べたりする際に用いるのが普通です。

　過去形と現在完了形の使い分けについては、大雑把に、次のように理解しておけばいいでしょう。

・日常的なドイツ語では、**過去のことは基本的に現在完了形**で表現する

・ただし、**動詞sein, haben, 話法の助動詞については過去形**が好まれる

①過去形

　過去形は、「過去基本形」に主語に応じた語尾をつけてつくるのでしたね。現在形の人称変化と区別して、これを「過去人称変化」とも言います。ichとer/sie/esのときの形が同じになるのが特徴です。

　スキットに出てくるseinとhaben、および、話法の助動詞könnenの過去形について、一覧表の形でまとめましょう。

不定形	: sein	不定形	: haben	不定形	: können
過去基本形	: war	過去基本形	: hatte	過去基本形	: konnte
ich	war	ich	hatte	ich	konnte
du	war**st**	du	hatt**est**	du	konnt**est**
Sie	war**en**	Sie	hatt**en**	Sie	konnt**en**
er/sie/es	war	er/sie/es	hatte	er/sie/es	konnte
wir	war**en**	wir	hatt**en**	wir	konnt**en**
ihr	war**t**	ihr	hatt**et**	ihr	konnt**et**
Sie	war**en**	Sie	hatt**en**	Sie	konnt**en**
sie	war**en**	sie	hatt**en**	sie	konnt**en**

　実際の使用例を、スキットの中から引用してみます。

Wie war denn deine erste Präsentation bei deinem neuen Praktikum?

> この文の主語、３人称単数sieで置き換えることができる

> ３人称単数sieが主語のときの、seinの過去形

Ich hatte schon eine ganze Menge Fehler drin – oder besser „So sagt man das nicht"-Korrekturen!

> ichが主語のときの、habenの過去形

> この文の主語

②現在完了形

　現在完了形は、「habenの現在形＋ ... 過去分詞（文末）」の組み合わせでつくりました。これが基本です。ただし、「seinの現在形＋ ... 過去分詞（文末）」となる場合もあります。seinを使う方が例外的で、次のような場合に限定されます。

過去分詞となる動詞が自動詞で、
（1）場所の移動を表現する動詞（fahren, gehen, kommen など）、
（2）状態の変化を表現する動詞（auf|stehen, ein|schlafen, werden など）、
（3）sein や bleiben などその他若干の動詞、
の場合です。ドイツ語では、4格を必要とする動詞を他動詞（辞書では 他、vt な
どと表記）、必要としない動詞を自動詞（辞書では 自、vi などと表記）と言います。
　実際の使用例を、スキットの中から引用してみます。

Unser Kollege Klaus [hat] das Projekt [erklärt], …

Unser Kollege Klaus が主語、hat … erklärt（< erklären）で現在完了形

danach [habe] ich [zusammengefasst] und ein bisschen [gesprochen].

ich が主語、habe … zusammengefasst（< zusammen|fassen）und … gesprochen（< sprechen）で現在完了形

Es [ist] ziemlich gut [gelaufen]!

Es が主語、ist … gelaufen（< laufen）で現在完了形

＊laufen は自動詞で、上の（1）に分類されます。ここでは「新しいインターン先での最初のプレゼンがけっこ
　ういい状態で／上手く進行していった」という意味で使用されており、純粋な場所の移動というよりは、事態、
　あるいは時間の推移を表現しています。

2．過去完了形

　過去のある時点までの動作の完了などを表現するのに、「過去完了形」がありま
す。つくり方は、「haben の過去形＋ … 過去分詞（文末）」、または、「sein の過去形
＋ … 過去分詞（文末）」です。haben と sein の使い分けは、現在完了形の場合と
同じです。例文を挙げましょう。

Er [kam] nach Hause, **nachdem** seine Eltern [eingeschlafen] [waren].

nachdem は「〜した後で」を意味する従属の接続詞
nachdem に続く副文の定形 waren は文末に置く

過去完了形（seine Eltern が主語）

　少々まわりくどい説明をすれば、「彼の両親が寝入るという動作を完了した後に
彼が帰宅した」、あるいは、「彼が帰宅した時点までに彼の両親は寝入るという動作
を完了していた」、ということです。
　nachdem に続く副文中の動詞は、主文が現在形／未来形の場合は現在完了形、
主文が過去形／現在完了形の場合は過去完了形、が原則です。ただし、スキット
に出てくる次のような例外もあります。

Ich [bin] ja erst in dieses Projekt [eingestiegen], **nachdem** schon der größte Teil fertig [war].

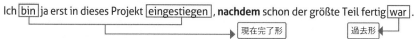

現在完了形 / 過去形

＊fertig sein で「終わった」と現在完了的なニュアンスがあり、sein が過去形になると過去完了的なニュアンスが
　出るからなのですが、ここではあまり深入りしない方がいいでしょう。

Das wird auch wirklich so gemacht!

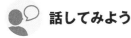 **話してみよう** ⬇ DL 12

DIALOG Die erste Präsentation (2)

Sven: Und das Reden?

Hana: Na reden kann ich doch! (lacht). Nun, wir haben geübt, ich natürlich am meisten. Die Zeit musste genau eingehalten werden. Ich sollte nicht zu schnell und nicht zu langsam sprechen, laut und deutlich, und dabei die Zuhörer anschauen. Es war sehr schwierig. Aber nachdem mehrmals alles geübt wurde, ging es ziemlich einfach. Die Kollegen haben mich wirklich sehr unterstützt und mir gesagt, was erwartet wird.

Sven: Die Teamarbeit in deiner Firma scheint sehr gut zu sein!

Hana: Ja, wirklich gut! Deshalb sind wir auch zusammen feiern gegangen! Und deshalb bin ich auch so spät dran jetzt – und ein bisschen betrunken.

Sven: Angeheitert! „Angeheitert" heißt das, was du jetzt bist!

Hana: Von Deutschen wurde mir oft gesagt: Erst die Arbeit, dann das Vergnügen! Und das wird auch wirklich so gemacht! Wir haben ausgelassen gefeiert – nach der Arbeit!

Sven: Ich habe noch eine deutsche Redensart: Nach der Arbeit ist vor der Arbeit.

Hana: Oh ja, morgen muss wieder gearbeitet werden! So ein Praktikum ist anstrengend. – Aber hier wird auch gesagt: Man muss beides können: Arbeiten und Feiern!

 ⬇ DL 13

● 受動の表現

Das wird auch wirklich so gemacht!
実際にもそうする（直訳風：それは実際にもそのようになされる）。

Das Zimmer wird mit dem Staubsauger sauber gemacht.
部屋は掃除機できれいにされる。

Die Fenster werden von uns geputzt.
窓は私たちによって磨かれる。

Die Wohnung wird gleich aufgeräumt.
住居はすぐに片付けられる。

訳 ── はじめてのプレゼン（２）

スヴェン： それで話すほうは？

ハナ： まあ、話すことならできるわよ！（笑う）それで私たちは練習したの、もちろん私が一番たくさん。制限時間はきちんと守らないといけなかった。あまり速く話すのもあまり遅く話すのもよくないと言われたわ。大きな声ではっきりと、そして話しながら聞き手を見ることもね。とても難しかった。でも、何度も全体を練習した後では、けっこう簡単にいったの。同僚たちは私のことを本当によく支えてくれたし、期待されていることは何かを教えてくれた。

スヴェン： 君の会社のチームワークは、とてもいいようだね！

ハナ： ええ、本当にいいの！ それで、私たちは一緒にお祝いの飲み会に行ったのよ！そんなわけで今までこんなに遅くなって ── ちょっと酔っちゃった。

スヴェン： ほろ酔いなんだね！ angeheitertというのは、ちょうど今の君の状態だよ！

ハナ： ドイツ人たちからよく言われたのは、まずは仕事、それからお楽しみ、ということ！ そして実際にもそうするのね！ 私たち、おおはしゃぎで羽目を外したの、仕事の後でね。

スヴェン： 別のドイツの諺は、仕事の後は仕事の前、というんだ。

ハナ： そうね、明日はまた働かないとね！ こんなインターンシップは大変だわ。── でも、こういう言い方もあるんでしょ、仕事とパーティー、どちらもできないと、ってね！

語句 ── erst：最初の　　die Präsentation：プレゼンテーション　　reden：話す
üben：練習する　　am meisten：最も多い〔viel「多い」の最上級〕
die Zeit ein|halten：時間(制限)を守る　　laut：大声で　　deutlich：明瞭に
der Zuhörer, -：聞き手　　an|schauen：(よく)見る　　mehrmals：何度も
ziemlich：かなり　　einfach：簡単な　　der Kollege, -n：同僚
unterstützen：支援する　　erwarten：期待する　　feiern：お祝いする、パーティーで
楽しむ　　deshalb：それゆえ　　dran sein：順番に当たっている、[ここでは]帰って来た
ein bisschen：少し　　betrunken：酔った　　angeheitert：ほろ酔い気分の
das Vergnügen：娯楽　　ausgelassen：はしゃいで、大騒ぎで
die Redensart, -en：慣用句　　beides：両方を

＊betrunken は「酔っぱらった」状態で、ドイツ語圏では人前で出すべき状態ではないと考えられています。
　angeheitert は、適度にたしなんでheiter「おおらかな」状態です。

Morgen muss wieder gearbeitet werden!
明日はまた働かないと（直訳風：明日はまた働かれなければならない）。

Das Zimmer muss mit dem Staubsauger sauber gemacht werden.
部屋は掃除機できれいにしないと。

Die Fenster müssen von uns geputzt werden.
窓は私たちで磨かないと。

Die Wohnung muss gleich aufgeräumt werden.
住居はすぐに片付けないと。

語彙を増やそう ［余暇・休暇］

● 余暇・休暇

die Freizeit 余暇　　der Urlaub, -e （会社・役所などの許可を得た）休暇
die Ferien （複数）（学校などの期間が決まった）休暇　　in der Freizeit 余暇に
in Urlaub sein 休暇中である　　Urlaub machen 休暇を過ごす　in Urlaub fahren 休暇旅行に出かける　　in den Ferien/Sommerferien/Winterferien 休み／夏休み／冬休みに

● 余暇・休暇には？

［ぶらぶら］

sich⁴ erholen/sich⁴ aus|ruhen 休養する　faulenzen のんびり過ごす
einen Spaziergang machen 散歩をする　einen Stadtbummel machen ぶらぶら街歩きをする

［趣味を楽しむ］

das Hobby, -s 趣味　　lesen 読書をする　　Filme/Videos an|sehen 映画／ビデオを見る
fern|sehen テレビを見る　　Musik hören/machen 音楽を聴く／演奏する　　Klavier/
Geige/Flöte/Gitarre spielen ピアノ／ヴァイオリン／フルート／ギターを演奏する
singen 歌う　　tanzen ダンスをする　　Computerspiele/Karten/Schach spielen コンピュータ・ゲーム／トランプ／チェスをする　　einen Sprachkurs besuchen 語学講座に通う
kochen 料理をする　　fotografieren 写真を撮る　　malen 絵を描く　　basteln 工作をする　　nähen 縫物をする　　Gartenarbeit machen ガーデニングをする

［スポーツに汗を流す］

Sport treiben スポーツをする　　joggen ジョギングをする　　schwimmen 水泳をする
surfen サーフィンをする　　tauchen 潜る　　Fußball/Tennis/Tischtennis/Baseball
spielen サッカー／テニス／卓球／野球をする　　Yoga/Judo/Karate machen ヨガ／柔道
／空手をする　　boxen ボクシングをする　　Ski fahren スキーをする　　snowboarden
スノーボードをする　　angeln 釣りをする　　segeln ヨットに乗る　　reiten 乗馬をする
wandern / eine Wanderung machen ハイキングをする　　berg|steigen 山登りをする

［楽しい活動］

Freunde treffen 友だちと会う　　eine Party machen/geben パーティーを開く
essen/tanzen/ein|kaufen gehen 食事／ダンス／買い物に行く　　ins Kino/Konzert/
Theater/Museum gehen 映画／コンサート／演劇／美術・博物館に行く　　in die Oper/Disko
gehen オペラ／ディスコに行く　　einen Ausflug/eine Ausfahrt/eine Radtour/Camping
machen 遠足／ドライブ／サイクリング／キャンプをする　　grillen バーベキューをする

［旅行も］

die Reise, -n 旅行　　Gute Reise! よい旅行を！　　reisen 旅行する　　eine Weltreise/
Auslandsreise machen 世界／外国旅行をする　　in einer Gruppe reisen 団体旅行をする
ins Ausland/nach Deutschland/in die Schweiz fahren 外国／ドイツ／スイスへ行く
fliegen 飛行機で行く　　ans Meer/an einen See/in die Berge/aufs Land fahren 海辺
／湖畔／山／田舎へ行く　　Sehenswürdigkeiten besichtigen 名所を見物する　　an einer
Stadtrundfahrt teil|nehmen 市内遊覧に参加する　　am Strand in der Sonne liegen 浜
辺で日光浴する

聞き取ってみよう

⊥ DL 14

Szene ハナがアンドレアスとスイスの言語について話しています。内容に合うものを選びましょう。

1. 話されている言語（公用語）は何種類？
   □ 2種類　　　　□ 4種類　　　　□ 6種類

2. ドイツ語の割合はおよそ何パーセント？
   □ 50%　　　　□ 60%　　　　□ 70%

3. ハナが詳しく知りたがった言語は？
   □ イタリア語　　□ フランス語　　□ ロマンシュ語

4. 話しているのは人口の約何パーセント？
   □ 0.5%　　　　□ 5%　　　　□ 50%

（トランスクリプションと訳は131ページ）

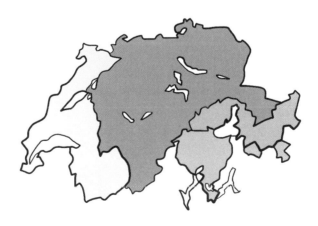

表現してみよう

❶受け身の表現を練習してみましょう。あなたはホテルの従業員で、客から苦情を受けます。それに対し、例にならい、受動表現を使って答えてください。

＊受動表現は多くの場合、「行為者」より「行為や出来事そのもの」に意識が向けられるときに使われます。したがって、その行為を誰がするかはあまり重要ではありません。形は「werden（文の2番目）＋動詞の過去分詞（文末）」でしたね。

DL 15

例) ◇ Diese Lampe ist kaputt.　この電灯、壊れています。[reparieren > repariert：修理する]
　　◆ Entschuldigen Sie! <u>Sie wird</u> sofort <u>repariert</u>.　申し訳ありません。すぐ修理します。

1) ◇ Der Teppich ist nicht sauber.　カーペットがきれいじゃない。[saugen > gesaugt：掃除機をかける]
　　◆ Entschuldigen Sie bitte! _____ sofort _____ .

2) ◇ Das Bad ist sehr schmutzig.　浴室がとても汚い。[sauber machen：きれいにする]
　　◆ Verzeihen Sie bitte! _____ gleich _____ .

3) ◇ Die Fenster sind dreckig.　窓（複数）が汚い。[putzen>geputzt：きれいにする]
　　◆ Entschuldigung! _____ sofort _____ .

❷受動表現に助動詞を付け加えた形の練習です。例にならい、質問に受動表現を使って答えてください。

＊助動詞が付け加わった場合は、文の2番目に助動詞が入り、werden は不定詞の形で文末に置かれるのでした。

DL 16

例) ◇ Muss man diese Lampe sofort reparieren?　この電灯をすぐに修理しなければなりませんか？
　　◆ Ja, <u>sie muss</u> sofort <u>repariert werden</u>.　ええ、すぐに修理しなければなりません。

1) ◇ Muss man die Fenster sofort putzen?　窓（複数）をすぐにきれいにしなければなりませんか？
　　◆ Ja, _____ sofort _____ .　ええ、すぐにきれいにしなければなりません。

2) ◇ Kann man diese Arbeit leicht erledigen?　この仕事を簡単に片づけることはできますか？
　　◆ Ja, _____ leicht _____ .　ええ、簡単に片づけることができます。

❸過去の受動表現を練習してみましょう。ヒントを使い、質問に答えてください。

＊過去の受動表現は、werden を過去形にするだけでよいのでしたね。

DL 17

1) ◇ Wann wurde der Skytree eröffnet?
　　スカイツリーはいつ開業したのですか？ [2012 (zweitausendzwölf)：2012 年に]

　　◆ _____

2) ◇ Von wem* wurde der Horyu-ji gegründet?　法隆寺はだれによって建立されたのですか？
　　[vom Prinzen Shotoku：聖徳太子によって]

　　＊受動表現でも、行為者を表すことがあります。その場合は「von＋行為者（3格）」（「durch＋手段（4格）」）という表現を使います。

　　◆ _____

❹次の会話を音読しましょう。さらにヒントを参考にして日本語にしてみましょう。

Szene 散らかった部屋の前で、あなた（◇）とドイツ人の友人（◆）が話しています。

◆ In diesem Zimmer ist alles durcheinander. Was ist denn passiert?

◇ Hier wurde gestern bis spät in die Nacht viel gegessen, getrunken und getanzt.

◆ Ach so … Aber dieses Zimmer wird am Nachmittag benutzt, deshalb muss man es aufräumen.

DL 18

◇ Muss es jetzt gleich aufgeräumt werden?

◆ Na klar.

ヒント―― das Zimmer, – : 部屋　durcheinander：ごちゃごちゃな、乱雑な
Was ist denn passiert?：何があったの？　bis spät in die Nacht：夜遅くまで
essen > gegessen：食べる　trinken > getrunken：飲む　tanzen > getanzt：踊る
benutzen > benutzt：使う　auf|räumen > aufgeräumt：片づける
Na klar.：もちろんさ。

❺あなた（◇）がドイツ人の友人（◆）と明日のプレゼンテーション用の部屋をチェックしています。ヒントを参考に、ドイツ語の会話を完成させてください。

◆ Oh, nein! Die Tische in diesem Raum sind ganz schmutzig. Was ist denn los?

◇ ここで昨晩（gestern Abend）パーティーが開かれた（eine Party geben）んだ。

　　［ここでは、過去の受動表現で］

DL 19

◆ Wollen wir dann die Tische sauber machen?

◇ いや、机（複数）は今日の午後（heute Nachmittag）管理人さん（der Hausmeister）が掃除して（putzen）くれるよ。

　　［ここでは、現在形の受動文で］

◆ O.k.. … Mensch, der Projektor hier funktioniert nicht.

◇ それはすぐに修理し（reparieren）なきゃならないな。

　　［受動表現に助動詞müssenを付け加えた形で］

ヒント―― der Raum, Räume：部屋　Was ist denn los?：何があったの？
Wollen wir … ?：…しようか？　Mensch!：何てことだ！
der Projektor, -en：プロジェクター　funktionieren：機能する、作動する

解答例

❶1）Er wird sofort gesaugt.　　2）Es wird gleich sauber gemacht.
　3）Sie werden sofort geputzt.
❷1）Ja, sie müssen sofort geputzt werden.
　2）Ja, sie kann leicht erledigt werden.
❸1）Er wurde 2012（zweitausendzwölf）eröffnet.
　2）Er wurde vom Prinzen Shotoku gegründet.
❹ シーン
　◆この部屋、全部ぐちゃぐちゃになってる。何があったんだろう？
　◇ここでは、昨日夜遅くまで大いに食べたり、飲んだり、踊ったりしたんだ。
　◆そうなんだ…。でもこの部屋、今日の午後使うんだよね。だから片づけなくちゃ。
　◇今すぐに片づけなきゃならないの？
　◆もちろんさ。
❺◇Hier wurde gestern Abend eine Party gegeben.
　◇Nein, die Tische/sie werden heute Nachmittag vom Hausmeister geputzt.
　◇Er muss sofort repariert werden.

27

Plastikmüll

Viel zu viel Plastik wird jeden Tag produziert, aber es wird leider viel zu wenig recycelt. Das bedroht die Umwelt, die Meere, und am Ende auch uns. Daher muss jetzt irgendetwas getan werden.

Aber nicht alle Plastikprodukte verursachen Umweltverschmutzung; das größte Problem ist das Plastik, das nach dem Verbrauch sofort weggeworfen wird, wie z.B. Einkaufstüten, Strohhalme, Kaffeebecher, Verpackungen. Solche Einwegverpackungen führen zur Vermüllung.

Was kann gegen diese Vermüllung unternommen werden?

Einwegverpackungen müssen teurer verkauft werden, die Recyclingfähigkeit von Verpackungen soll belohnt werden, bestimmte Arten von Plastikprodukten müssen verboten werden.

読みのヒント ── viel zu ...：あまりにも… produzieren：製造する recyceln: リサイクルする
bedrohen：脅かす die Umwelt：環境 das Meer, -e：海 am Ende：結局は
irgendetwas：何かしら getan < tun「する」の過去分詞
das Plastikprodukt, -e：プラスチック製品 verursachen：〜の原因となる
die Umweltverschmutzung：環境汚染 größt-：最大の〔groß の最上級〕
der Verbrauch：消費 weggeworfen < weg|werfen「捨てる」の過去分詞
die Einkaufstüte, -n：レジ袋 der Strohhalm, -e：ストロー
der Kaffeebecher, –：コーヒーカップ(紙やプラスチック製) die Verpackung, -en：容器包装
die Einwegverpackung, -en：使い捨て容器 zu ...³ führen：(結果として)…となる
teurer：より高価に(teuer の比較級) verkauft < verkaufen「売る」の過去分詞
die Recyclingfähigkeit：リサイクル技術 belohnt < belohnen「報いる」の過去分詞
die Art, -en：種類 verboten < verbieten「禁止する」の過去分詞

訳例 ── プラスチックゴミ

毎日あまりにも多くのプラスチックが生産されますが、残念ながらほんの少ししかリサイクルされません。これは環境、海、そして最終的には私たちを脅かします。そのため何かしら行われなければなりません。

しかし、すべてのプラスチック製品が汚染を引き起こすわけではありません。一番の問題は、使用後すぐに捨てられるプラスチックです。ショッピングバッグ、ストロー、コーヒーカップ、包装などです。このような使い捨て包装はポイ捨ての原因ともなります。

このポイ捨て対してどのような対策をとることができるでしょうか。

使い捨て包装はより高価で販売されなければならず、容器包装のリサイクル技術は正当に報いられるべきで、特定の種類のプラスチック製品は禁止される必要があります。

Frauenkirche in Dresden

Die Frauenkirche ist eine berühmte, im Barockstil gebaute Kirche in Dresden. Die erste Frauenkirche wurde schon im 11. Jahrhundert gebaut. Am gleichen Platz wurde dann zwischen 1726 und 1743 eine neue Kirche vom Architekt George Bähr erbaut. Während des Zweiten Weltkriegs wurde die Stadt Dresden im Februar 1945 von britischen und amerikanischen Flugzeugen bombardiert. Etwa 20 000 Menschen wurden bei den Bombenangriffen getötet. Die Frauenkirche wurde zerstört, obwohl die Kirche selber nicht von den Bomben getroffen wurde. Aber durch die Hitzeeinwirkung begann das Holz in der Kirche zu brennen und der Sandstein zu platzen: Die Frauenkirche stürzte in sich zusammen.

In der Zeit der DDR blieb die Ruine der Kirche stehen. Nach der Wiedervereinigung wurde im Jahr 1996 mit dem Wiederaufbau der Frauenkirche begonnen. Es wurde für den Bau viel gespendet, sowohl in Deutschland als auch in Großbritannien und anderen Ländern. Dadurch wurde die Kirche zu einem Zeichen der Versöhnung und des Friedens.

読みのヒント ——berühmt：有名な　im Barockstil gebaute Kirche：バロック様式で建てられた教会　Dresden：ドレスデン（ドイツ東部の街、ザクセン州の州都）
gebaut < bauen「建てる」の過去分詞　der Architekt：建築家
während …²：…の間（2格支配の前置詞）　der Zweite Weltkrieg：第二次世界大戦
bombardiert < bombardieren「爆撃する」の過去分詞
der Angriff, -e：攻撃　getötet < töten「殺す」の過去分詞
zerstört < zerstören「破壊する」の過去分詞　obwohl：～にもかかわらず
die Bombe, -n：爆弾　getroffen < treffen「命中する」の過去分詞
die Hitzeeinwirkung：熱の影響　brennen：燃える　der Sandstein：砂岩
platzen：破裂する　zusammen|stürzen：崩壊する
die DDR ＝ die Deutsche Demokratische Republik：旧東ドイツ　die Ruine：廃墟
die Wiedervereinigung：ドイツ再統一　der Wiederaufbau：再建
gespendet < spenden「寄付する」の過去分詞　sowohl A als auch B：A と同様に B も
das Zeichen：印、シンボル　die Versöhnung：和解　der Frieden：平和

訳例 —— ドレスデンの聖母教会（フラウエン教会）

聖母教会はドレスデンの有名なバロック様式の教会です。最初の聖母教会は11世紀に建てられました。新しい教会は同じ場所に1726年から1743年の間に建築家のゲオルゲ・ベーアによって建てられました。第二次世界大戦中、ドレスデンの街は1945年2月にイギリスとアメリカの航空機によって爆撃されました。爆破攻撃により約2万人が死亡しました。教会自体は爆撃されませんでしたが、熱の影響で教会の木材が燃え、砂岩が破裂し、教会は倒壊してしまいました。東ドイツ時代には教会の廃墟がそのまま残っていました。ドイツ統一後、1996年に聖母教会の再建が始まりました。建設のために、ドイツからもイギリスや他の国からもたくさん寄付がされました。それにより、この教会は和解と平和のシンボルとなりました。

書いてみよう

ここでは、日常生活での、特にメールなどで「書く」ことを想定した練習をします。

[お誘いの表現]

Feiern wir heute Abend?　　今晩お祝いのパーティーをしようか？
Wollen wir heute Abend feiern?　今晩お祝いのパーティーをしないか？
Lasst uns heute Abend feiern!　今晩お祝いのパーティーをしよう！
Wie wäre es denn, wenn wir heute Abend feiern **würden**?
今晩お祝いのパーティーをするのはどうかな？

[断りの表現]

Es tut mir leid, aber da bin ich schon verabredet.
申し訳ないのですが、もう約束が入っているのです。

Vielen Dank für die Einladung! **Aber** da habe einen Termin beim Zahnarzt.
ご招待どうもありがとう！　でも歯医者さんの予約を入れているのです。

Ich habe mich sehr gefreut, aber ich muss mich um meine Katzen kümmern.
とても嬉しかったのですが、ネコたちの世話をしないといけないのです。

[実践編]

DL 22

招待へのお礼とお断りのメールの文例です。

Lieber Herr / Liebe Frau …,

vielen Dank für Ihre Einladung / Ihre Mail.
Leider kann ich am … nicht kommen / Ihre Einladung nicht annehmen, da
ich einen anderen Termin habe / schon eine Einladung zu einem
Geburtstag / Jubiläum habe.
Ich hoffe, wir können einen anderen Tag finden. (Für mich wäre der
Freitag gut geeignet.)
Vielen Dank.

Freundliche Grüße
(Name)

訳例：親愛なる…さん、// ご招待・メールをどうもありがとうございます。/ 残念ながら…（曜）日には参れません・ご招待をお受けできません、他の約束が入っている・他に誕生日 / お祝いに招待されているためです。/ 他の日時を見つけられればと思います。（金曜日だととても都合がよいのですが。）よろしくお願いいたします。// 敬具 / 名前

Frau Müller, Ihre Chefin beim Praktikum, bittet Sie, am Freitagnachmittag zu einem Gespräch zu kommen. Sie können aber nicht, weil Sie schon ein Meeting mit anderen Kollegen haben.
Schreiben Sie eine Mail und teilen ihr mit, dass Sie nicht kommen können. Bitten Sie Frau Müller um einen anderen Termin (z.B. am Freitagvormittag).

_____ Frau Müller,

vielen _____ für Ihre _____ zu einem _____

am _____. Es _____ mir sehr _____, dass ich

nicht kommen kann, da ich ein _____ mit Kollegen habe. Wäre

es möglich, mir einen anderen _____, vielleicht am

Freitagvormittag, zu geben?

Vielen _____.

Freundliche _____

(Name)

DL 23

問題文訳例：あなたのインターンの上司、ミュラーさんが、金曜日の午後に面談に来るように依頼してきました。しかし、他の同僚たちとのミーティングがすでに入っているので、行くことができません。メールを書いて、彼女に行けないことを伝えてください。ミュラーさんに他の日時（例：金曜日の午前）をお願いしてください。

解答例：
Liebe Frau Müller,

vielen Dank für Ihre Einladung zu einem Gespräch am Freitagnachmittag. Es tut mir sehr leid, dass ich nicht kommen kann, da ich ein Meeting mit Kollegen habe. Wäre es möglich, mir einen anderen Termin, vielleicht am Freitagvormittag, zu geben? Vielen Dank.

Freundliche Grüße
(Hana Aoyama)

解答例訳：
親愛なるミュラー様、// 金曜日の午後に面談に招いていただき、ありがとうございます。申し訳ありませんが、その時間には同僚たちとのミーティングが入っておりますので、行くことができません。金曜日の午前中にお会いするのでいかがでしょうか。/ よろしくお願いいたします。// 敬具 /（ハナ・アオヤマ）

1．受動（基本）

①現在

「werdenの現在形＋…過去分詞（文末）」で受動文を作ることができます。werdenは、「〜になる」という意味の動詞ですが、他の動詞の過去分詞と組み合わせて受動文を作る助動詞としての機能も持っています。「もっと知りたいドイツ語表現」から例文を一つ取りましょう。

Die Wohnung wird gleich aufgeräumt .

分離動詞auf|räumenの過去分詞（文末）

werdenの現在形、die Wohnungが主語のとき（3人称単数）の形

werdenの現在人称変化については、みなさんはもう大丈夫ですね。duでwirst、er/sie/esでwird、あとはihrでwerdet（語幹が-dで終わっているので、発音しやすくするために-e-を語尾の前に入れる）となる以外は、通常の現在人称変化と同じです。また、分離動詞の過去分詞の作り方についても、もう一度復習してください。

②過去

助動詞werdenを過去人称変化させるだけで、受動文を過去にすることができます。例えば、「もっと知りたいドイツ語表現」の例文 Die Fenster werden von uns geputzt. を過去に書き換えると、次のようになります。

Die Fenster wurden von uns geputzt .

putzenの過去分詞（文末）

werdenの過去形、die Fensterが主語のとき（3人称複数）の形

ちなみに、werdenは、過去基本形wurdeを基にして次のように過去人称変化します。

ich	wurde	wir	wurden
du	wurdest	ihr	wurdet
Sie	wurden	Sie	wurden
er/sie/es	wurde	sie	wurden

上の例文のように、受動文の動作主語（「〜によって」）をvon＋3格、あるいは、durch＋4格で表現することがあります。意志を持った動作主体（例えば、人間など）のときにはvon＋3格、意志を持たない主体の場合（例えば、地震、台風など）にはdurch＋4格で表現することが多いです。

③助動詞との組み合わせ

受動に助動詞を組み合わせるのは、それほど難しくありません。上の「①現在」で取り上げた例を使って説明すると、wirdのところに、助動詞を主語に合わせて

現在人称変化させて入れ、wird は不定形 werden に戻して文末に置きます。

　原理的には上のような説明になりますが、「助動詞の現在形＋…過去分詞＋werden（文末）」と覚えてしまうのもいいでしょう。また、助動詞を過去人称変化させて Die Wohnung musste gleich aufgeräumt werden. とすれば、過去となります。

２．受動（応用）
①受動文と能動文の関係
　受動文については、たいていその能動文を想定することができます。「１．受動（基本）」「②過去」で取り上げた例文を使って、具体的に説明しましょう。

②自動詞の受動
　「もっと知りたいドイツ語表現」の例文 Morgen muss wieder gearbeitet werden! は、スキットにもハナの台詞として出てきますが、少々違和感を覚えた方が多いのではないでしょうか？　morgen は「明日は」、wieder は「また」で、ともに副詞です。つまり、この文には主語がないのです！
　原因は、過去分詞となっている動詞 arbeiten にあります。ドイツ語では、４格を必要とする動詞を他動詞、必要としない動詞を自動詞と言います。arbeiten は自動詞です。したがって、想定される能動文には、受動文の主語にすべき４格がありません。このような場合、es を仮の主語として文頭に置き受動文を作るのですが、かなり不自然なので、普通は文中の他の要素を文頭に置いて es を消します（この es は、文頭以外では消えてなくなります）。

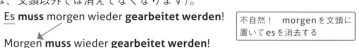

不自然！　morgen を文頭に
置いて es を消去する

　ちなみに、助動詞 müssen が３人称単数の形 muss になっているのも、es が主語として考えられているからなのです。また、受動文中に動作主語（「〜によって」）が von ＋３格、あるいは、durch ＋４格で示されていない場合、想定される能動文の主語はたいてい「（一般的な）人」を表す man です。

Liegt das in der Nähe des Parks?

 **話してみよう** ⬇ DL 24

DIALOG Museum und Picknick（1）〜〜〜〜〜〜〜〜〜〜〜〜〜〜〜〜〜〜〜〜

アンドレアスがハナを博物館に誘っています。

Andreas: Hana, hast du Lust mit mir am Wochenende ins Museum für Ostasiatische Kunst zu gehen? Du weißt, ich interessiere mich sehr für japanische Kunst. Und du könntest mir alles erklären.

Hana: Das Wetter ist bestimmt schön. Liegt das in der Nähe eines Parks? Dann könnten wir anschließend draußen Picknick machen!

Andreas: Das ist eine gute Idee, Hana! Aber vielleicht machen wir das Picknick lieber vorher. Wegen des Gepäcks. Wir können das Essen nicht mit ins Museum nehmen …

Hana: Ja und wenn die Sachen während des Besuchs im Museum zu lange liegen, schmecken sie nicht mehr. Ich möchte nämlich gerne Sushi essen.

Andreas: Und wegen des Hungers! Wir hätten dann keine Zeit uns alles in Ruhe anzuschauen. Möchtest du die Sushi selbst machen?

Hana: Nein, dazu habe ich keine Lust. Wenn wir samstags gehen, können wir die im Supermarkt kaufen. Das ist allerdings eine Frage des Geldes … (überlegt) Aber ich bekomme ja eine Vergütung für mein Praktikum, ich spendiere die Sushi!

 **もっと知りたいドイツ語表現** ⬇ DL 25

● 2格の表現

Liegt das in der Nähe eines Parkes ?　公園の近くにあるの？
　　　　　　　　　　eines Hauses　家の
　　　　　　　　　　einer Schule　学校の
　　　　　　　　　　von Häusern　家々の

Das ist eine Frage des Geldes .　それはお金の問題／お金次第だ。
　　　　　　　　der Zeit　時間
　　　　　　　　des Geschmacks　趣味
　　　　　　　　der Einstellung　姿勢・立場

訳 —— 美術館とピクニック（1）

アンドレアス： ハナ、僕と週末に東アジア芸術美術館に行く気はある？ 僕が日本の芸術にとても興味があるって知っているよね。君だったら僕にぜんぶ説明できるんじゃないかな。

ハナ： 天気はきっといいわね。公園の近くにあるの？ ならば続けて外でピクニックができそう！

アンドレアス： それはいい考えだね、ハナ。だけどそのピクニックはできれば先にやってしまおう。荷物のことがあるから。食べ物を美術館に持ち込むことはできないよ。

ハナ： それに美術館にいる間に食べ物がずっと置きっぱなしだと、もう美味しくなくなるし。というのも、寿司を食べたいから！

アンドレアス： それと空腹のこともあるね。（お腹が空いたままだと）すべてを落ち着いて鑑賞する暇がなくなるし。寿司は自分だけで作りたいの？

ハナ： いいえ、その気分じゃないわ。土曜日に行くのなら、スーパーで買える。とはいえ、お金の問題だけど…（考える） だけど、実習の報酬がもらえるから、寿司をご馳走するね。

語句 —— Lust haben：する気がある das Museum für Ostasiatische Kunst：東アジア芸術美術館 weißt < wissen：知っている sich⁴ für …⁴ interessieren：…に興味がある erklären：説明する bestimmt：きっと in der Nähe eines Parks：公園の近くに〔die Nähe：近さ eines Parks < der Park「公園」の不定冠詞つき2格〕anschließend：続けて draußen：外で Picknick machen：ピクニックをする（das Picknick：ピクニック）lieber：できれば、むしろ vorher：先に wegen …²：…のせいで、…のために das Gepäck：荷物 die Sache, -n：物 während …²：…の間に〔期間を表す〕der Besuch：訪問 schmecken：美味しい nicht mehr：もはや～ない nämlich：というのも〔文中に置いて使う〕Wir hätten dann keine Zeit …：そうする（寿司を後で食べる）と時間がなくなってしまうだろう〔dann が非現実の仮定を含む〕sich³ …⁴ an|schauen：…をよく見る、鑑賞する in Ruhe：落ち着いて allerdings：とはいえ eine Frage des Geldes：お金の問題〔des Geldes < das Geld「お金」の2格〕die Vergütung：報酬 spendieren：おごる

Die Sachen liegen während des Besuchs im Museum zu lange.
それらの物は美術館にいる間にずっと置きっぱなしになる。

Was machst du während der Sommerferien?
夏休みの間は何をするの？

Machen wir das Picknick wegen des Gepäcks lieber vorher!
荷物があるからそのピクニックはできれば先にしよう！

Wegen einer Erkältung seines Sohnes kann er nicht kommen.
息子の病気で彼は来られない。

語彙を増やそう ［文化・芸術］

● 文化・芸術

die Kultur, -en 文化

das Museum, Museen 博物館、美術館　ins Museum gehen 博物館、美術館に行く

das Ticket, -s / die Eintrittskarte, -n チケット、入場券　die Garderobe, -n クローク

das Schließfach, Schließfächer コインロッカー

die Kunst, Künste 芸術、美術　moderne Kunst 現代アート　die Ausstelllung, -en 展覧会

der Katalog, -e カタログ、図録　das Bild, -er 絵、写真　das Gemälde, – 絵画

der Maler, – / die Malerin, -nen 画家　die Fotografie, -n / das Foto, -s 写真

die Skulptur, -en 彫刻　die Architektur, -en 建築

die Musik, -en 音楽　klassische Musik クラシック音楽　die Pop- / Rockmusik ポップ／
ロック　der Musiker, – / Musikerin, -nen 音楽家　das Orchester, – オーケストラ

der Dirigent, -en（弱変化）/ die Dirigentin, -nen 指揮者　der Komponist, -en（弱変化）/
die Komponistin, -nen 作曲家　die Note, -n 楽譜　das Musikinstrument, -e 楽器

das Klavier, -e ピアノ　Klavier spielen ピアノを弾く　die Geige, -n / die Violine, -n
ヴァイオリン　die Gitarre, -n ギター　das Schlagzeug, -e 打楽器　das Lied, -er 歌

singen 歌う　der Sänger, – / die Sängerin, -nen 歌手　der Chor, Chöre 合唱

die Stimme, -n 声　das Konzert, -e コンサート　ins Konzert gehen コンサートに行く

die Konzerthalle, -n コンサートホール　das Musical, -s ミュージカル　der Jazz ジャズ

musikalisch 音楽のセンスがある

das Theater, – 劇場、演劇、舞台芸術　ins Theater gehen 観劇に行く　der Schauspieler, – /
die Schauspielerin, -nen 俳優　die Regie 演出、監督　die Inszenierung, -en 演出

die Rolle, -n 役　die Aufführung, -en 上演　die Handlung, -en 筋　das Textbuch,
-bücher 台本　die Oper, -n オペラ　in die Oper gehen オペラに行く　das Ballett, -e バレエ

der Tanz, Tänze ダンス

der Film, -e 映画　das Kino, -s 映画館　ins Kino gehen 映画に行く

das Drehbuch, -bücher （映画の）台本、シナリオ　der Filmstar, -s 映画スター

das Publikum 観客　der Fan, -s ファン　interessant 興味深い　der Geschmack 好み、
センス

das/der Manga, -s マンガ　der Comic, -s コミック　der Anime, -s アニメ

die Literatur, -en 文学　der Roman, -e （長編）小説　das Gedicht, -e 詩

der Schriftsteller, – / die Schriftstellerin, -nen 作家、小説家　der Autor, -en / die
Autorin, -nen 作家、著者　die Übersetzung, -en 翻訳

die Philosophie 哲学　der Philosoph, -en（弱変化）/ die Philosophin, -nen 哲学者

das Denken 思想、思索　der Denker, – / die Denkerin, -nen 思想家

Szene ハナがスヴェンに最近の出来事を尋ねています。内容に合うものを選びましょう。

1. スヴェンが紹介しているケルンにある珍しい博物館は？
   ☐ ビール博物館　　☐ グミ博物館　　☐ チョコレート博物館

2. 博物館の特徴は？
   ☐ 詳細なガイドツアーがある　　　☐ 食べ放題・飲み放題がある
   ☐ 自分でも作れる

3. 年間何人くらいの入館者がいる？
   ☐ 6万5千人　　☐ 65万人　　☐ 650万人

4. どこの近くにある？
   ☐ ケルン大学　　☐ 旧市街　　☐ インターチェンジ

（トランスクリプションと訳は132ページ）

💬 表現してみよう

❶ 通りで道を聞かれました。例にならい、名詞の２格を使って答えてみましょう。

DL 27

例) ◇ Entschuldigung, wo ist das Rathaus?　すみません、市庁舎はどこですか？
　　　[die Frauenkirche：聖母教会]
　　◆（ Es ）ist in der Nähe（ der Frauenkirche ）.　それは、聖母教会の近くです。

1) ◇ Entschuldigung, wo ist die Frauenkirche?　　　[die Staatsoper：州立劇場]
　◆（　　　　　　　）ist in der Nähe（　　　　　　　）.

2) ◇ Verzeihung, wo liegt die Staatsoper?　　　　　[der Stadtpark：市立公園]
　◆（　　　　　　　）liegt in der Nähe（　　　　　　　）.

3) ◇ Entschuldigen Sie bitte, wo befindet sich der Stadtpark?!　[das Rathaus：市庁舎]
　◆（　　　　　　　）befindet sich in der Nähe（　　　　　　　）.

❷ 誰のものか聞かれました。例にならい、名詞の２格を使って答えてみましょう。

DL 28

例) ◇ Wessen Auto ist das?　これは誰の車ですか？　　　　[mein Vater：私の父]
　　◆ Das ist das Auto（ meines ）（ Vaters ）.　それは私の父の車です。

1) ◇ Wessen Smartphone ist das?　これは誰のスマホですか？　[seine Freundin：彼のガールフレンド]
　◆ Das ist das Smartphone（　　　　）（　　　　　　　）.

2) ◇ Wem gehört die Tasche?　このバッグは誰のものですか？　[ein Mädchen：ある女の子]
　◆ Das ist die Tasche（　　　　　　　）（　　　　　　　）.

3) ◇ Wessen PC ist das?　これは誰のPCですか？　　　[ihre Kinder：彼女の子供たち]
　◆ Das ist der PC（　　　　　　　）（　　　　　　　）.

❸ 例にならい、質問に答えてください。その際〈wegen＋名詞の２格〉を使って理由を説明しましょう。

DL 29

例) ◇ Warum kommst du so spät?　なぜ君はこんなに遅れてきたの？　[ein Unfall: ある事故]
　　◆ Wegen（eines Unfalls）komme ich so spät.　ある事故のせいで、こんなに遅れたんだ。

1) ◇ Warum kannst du nicht kommen?　なぜ君は来られないの？　[eine Erkältung：風邪]
　◆ Wegen（　　　　　　　）kann ich leider nicht kommen.　風邪のため、残念ながら行けないんだ。

2) ◇ Wieso hat das Fußballspiel gestern nicht stattgefunden ?
　　なぜ昨日のサッカーの試合は行われなかったの？　　　　[ein Gewitter：雷雨]
　◆ Wegen（　　　　　　　）hat es nicht stattgefunden.　雷雨のため、行われなかったんだ。

3) ◇ Warum hatte der IC Verspätung?
　　なぜそのIC（Intercity＝都市間特急）は遅れたの？　　　[(der) Schnee：雪（無冠詞で）]
　◆ Wegen（　　　　　　　）hatte er zwei Stunden Verspätung.　雪のせいで2時間遅れたんだ。

❹ 次の会話を音読しましょう。さらにヒントを参考にして日本語にしてみましょう。

Szene あなた（◆）とドイツ人の友人（◇）が話しています。

DL 30

◆ Wieso hatte der Shinkansen nach Kyoto Verspätung?

◇ Wegen des starken Schneefalls hatte er eine Stunde Verspätung.

◆ Gab es kein Problem?

◇ Nein, trotz der Verspätung des Shinkansen konnte ich irgendwie noch rechtzeitig zum Kongress kommen.

◆ Das war gut. Hast du außer dem Kongress etwas Interessantes erlebt?

◇ Ja, während des Aufenthalts in Kyoto habe ich auch viele alte Tempel besichtigt.

ヒント── der Schneefall, -fälle：降雪　irgendwie：なんとか　rechtzeitig：遅すぎない、間
に合ううちに　der Kongress, -e：（大規模で専門的な）会議　etwas Interessantes：
何か興味深いこと　erleben：体験する　der Aufenthalt, -e：滞在
der Tempel, −：寺（院）　besichtigen：見学する

❺あなた（◇）がドイツ人の友人（◆）と話をしています。ヒントを参考に、ドイツ語の
会話を完成させてください。

DL 31

◆ Warum hatte der Bus zum Flughafen Verspätung?

◇ 渋滞（der Stau［ここでは不定冠詞で］のせいで（wegen＋2格を使って）、
それ（バス）は30分（eine halbe Stunde）遅れたんだ。

◆ Hattest du kein Problem?

◇ うん、バスは遅れた（die Verspätung des Busses）けど（trotz＋2格を使って）、
なんとか（irgendwie）Frankfurt行きの飛行機に間に合った（den Flug nach
Frankfurt noch erreichen ＞ erreicht）よ。

◆ Das war gut. Und was hast du diesmal in Deutschland vor?

◇ ドイツに滞在している間に（während＋2格を使って）、できるだけ（möglichst）
たくさんの古いお城（das Schloss, Schlösser）を訪問（besuchen）したいと思っ
てるんだ。

ヒント── der Flughafen, -häfen：空港　diesmal：今回　vor|haben：予定している

解答例

❶1）(Sie) ist in der Nähe (der Staatsoper).　2）(Sie) liegt in der Nähe (des Stadtparks).
　3）(Er) befindet sich in der Nähe (des Rathauses).
❷1）Das ist das Smartphone (seiner) (Freundin).
　2）Das ist die Tasche (eines) (Mädchens).
　3）Das ist der PC (ihrer) (Kinder).
❸1）Wegen (einer Erkältung) kann ich leider nicht kommen.
　2）Wegen (eines Gewitters) hat es nicht stattgefunden.
　3）Wegen (Schnees) hatte er zwei Stunden Verspätung.
❹ シーン
　◆なぜ京都行きの新幹線は遅れたの？
　◇大雪のため、（それは）1時間遅れたんだ。
　◆問題はなかったの？
　◇うん、新幹線は遅れたけど何とかまだ間に合う時間に会議に行くことができたんだ。
　◆それはよかった。会議のほかにも何か興味深いこと体験した？
　◇うん、京都に滞在中、たくさんの古いお寺を見学したよ。
❺◇Wegen eines Staus hatte er eine halbe Stunde Verspätung.
　◇Nein, trotz der Verspätung des Busses habe ich irgendwie den Flug nach Frankfurt noch
　erreicht.
　◇Während des Aufenthalts in Deutschland möchte ich möglichst viele alte Schlösser besuchen.

Die japanische Sprache

Die japanische Sprache ist eine der schwierigsten Sprachen, auch wegen der drei verschiedenen Schriftsysteme. Sie heißen Hiragana, Katakana und Kanji. Die Hiragana-Zeichen sind für japanische Wörter und Endungen. Katakana werden benutzt, um Namen oder Wörter zu schreiben, die aus einer Fremdsprache übernommen wurden. Ein Hiragana sieht eher gerundet, ein Katakana eher kantig aus. Sowohl die Hiragana als auch die Katakana sind Silbenzeichen. Das heißt, jedes Zeichen hat eine bestimmte Aussprache, und erst mehrere Zeichen nacheinander ergeben ein Wort.

Das dritte japanische Schriftsystem heißt Kanji. Die Kanji sind ursprünglich chinesische Schriftzeichen. Bei den Kanji aber hat jedes Zeichen eine eigene Bedeutung und oft mehrere Lesungen.

読みのヒント ── eine der schwierigsten Sprachen：最も難しい言葉のひとつ
wegen ...²：…のために、…のせいで　verschieden：異なった
das Schriftsystem, -e：文字体系（die Schrift：文字　das System, -e：体系）
das Zeichen, –：記号、文字　das Wort, Wörter：単語　die Endung, -en：接尾辞
um ... zu ~：～するために　die Fremdsprache：外国語
übernommen < übernehmen「取り入れる」の過去分詞
aus|sehen：～のように見える　eher：どちらかというと　gerundet：丸い
kantig：角張った　sowohl A als auch B：Aと同様にBも　das Silbenzeichen, –：音節文字
bestimmt：定められた　die Aussprache：発音　nacheinander：続いて
ergeben：(結果として)生じる　ursprünglich：元来は　eigen：固有の
die Bedeutung：意味　die Lesung, -en：読み方

訳例 ── 日本語

日本語は３つの異なる文字があるため、最も難しい言語のひとつです。その３つはひらがな、カタカナ、漢字と呼ばれています。

ひらがなは日本語の単語と接尾辞に使われます。カタカナは外国語から取った名前や単語を書くために使用されます。ひらがなは丸みをおびていて、カタカナは角張っています。ひらがなもカタカナも音節記号です。すべての文字に決まった発音があり、いくつかの文字がつながってようやくひとつの単語になります。

日本語の３つめの文字は漢字と呼ばれます。漢字はもともと中国の文字からきたものですが、漢字は文字ごとに独自の意味があり、多くの場合複数の読み方があります。

Virtuelles Wasser

Trotz des Namens „Wasserplanet" und obwohl 71% der Erdoberfläche von Wasser bedeckt sind, ist Wasser auf der Erde nur in begrenzten Mengen verfügbar. Der Wasserverbrauch jedes Menschen setzt sich aus dem direkten Wasserverbrauch, wie Duschen, Waschen, Trinken, Kochen und dem indirekten Wasserverbrauch zusammen. Indirektes Wasser nennt man auch „virtuelles Wasser", davon wird viel mehr als von direktem Wasser verbraucht. Als virtuelles Wasser bezeichnet man die Menge an Wasser, die bei der Herstellung von Waren aller Art verbraucht wird. Zur Herstellung von einem Kilogramm Rindfleisch werden etwa 16 000 Liter Wasser verbraucht. Für die Aufzucht der Tiere, den Anbau von Futtermitteln oder direkt bei der Produktion, Verpackung und dem Transport der Waren: in jedem Bereich wird die Ressource Wasser benötigt.

Laut des Statistischen Bundesamtes liegt der durchschnittliche Wasserverbrauch pro Kopf in Deutschland bei 120 Litern am Tag. Damit ist aber nur das direkte Wasser gemeint. Die Menge des virtuellen Wassers liegt pro Person bei etwa 4 000 Litern am Tag.

読みのヒント —— virtuell：バーチャルな　trotz ...²：…にもかかわらず
obwohl：〜にもかかわらず　die Erdoberfläche：地表　bedeckt：覆われた
begrenzt：限られた　die Menge, -n：数量　verfügbar：自由に使用できる
der Verbrauch：消費　sich⁴ aus ...³ zusammen|setzen：…から構成される
direkt：直接的な　indirekt：間接的な　nennen：名づける　viel mehr：ずっと多く(の水)が
verbrauchen：消費する　A als B bezeichnen：AをBと呼ぶ　die Herstellung：製造
die Ware, -n：商品　das Rindfleisch：牛肉　die Aufzucht：飼育　der Anbau：栽培
das Futter：家畜の飼料　die Verpackung：容器包装　der Transport：輸送
der Bereich：分野　die Ressource：資源　benötigen：必要とする　laut ...²：…によれば
das Statistische Bundesamt：連邦統計局　durchschnittlich：平均の
pro Kopf：一人あたり　am Tag：一日に
mit ...³ ist A gemeint：…をもってAが想定されている、考えられている

訳例 —— バーチャルウォーター

「水の惑星」という名前にもかかわらず、また地球の表面の71％は水で覆われていますが、地球上で水は限られた量しか使用できません。人の水の消費量は、シャワー、洗濯、飲用、調理など直接的な水の消費と、間接的な水の消費によるものです。間接的な水の使用は「バーチャルウォーター」とも呼ばれ、直接的な水の使用より多くのバーチャルウォーターが消費されます。バーチャルウォーターとは、あらゆる種類の商品の生産に使用される水の量です。1キログラムの牛肉を生産するのに約16,000リットルの水が使用されます。動物の飼育、飼料の栽培、商品の生産、包装、輸送：すべての分野でバーチャルウォーターが必要となります。連邦統計局によると、ドイツの1人あたりの半均的な水の)消費量は1日あたり120リットルです。しかし、これは直接的な水の使用だけです。ドイツ国民1人あたりのバーチャルウォーターの量は、1日あたり約4000リットルとなります。

書いてみよう

ここでは、「ていねいなお願い」の表現をチェックしましょう。

[ていねいなお願いの表現さまざま]

Können Sie bitte   dieses Projekt übernehmen？
(Kannst du bitte)   このプロジェクトを受け持ってもらえますか？

Könnten / Würden Sie bitte dienstlich nach Berlin fahren？
(Könntest/Würdest du)   仕事でベルリンに行ってもらえますか？

         am Kongress teilnehmen？
         会議に参加してもらえますか？

Es wäre nett/freundlich von Ihnen, wenn Sie dieses Projekt übernehmen **würden**.
〜していただけると、とても助かるのですが。   dienstlich nach Berlin fahren

            am Kongress teilnehmen

Würden Sie mir bitte einen Gefallen tun* und dieses Projekt übernehmen **?**
(Würdest du)   [j³ einen Gefallen tun：人³に好意を示す] dienstlich nach Berlin fahren
申し訳ないのですが、〜してもらえますか？   am Kongress teilnehmen

[実践編]

DL 34

Ihr Praktikum ist bald zu Ende. Sie brauchen nun ein Gutachten des Chefs. Schreiben Sie eine Mail. Bitten Sie Ihren Chef, Herrn Bäcker, um ein Gutachten. Geben Sie an, bis wann er das Gutachten schreiben soll. Vergessen Sie nicht die Anrede, den Schluss und Ihren Namen.

訳例：あなたのインターンシップはもうすぐ終わります。あなたは上司の所見が必要です。メールを書きましょう。上司のベッカーさんに所見を書いてくれるようにお願いしてください。いつまでに所見を書いてほしいか、明記してください。呼びかけ、結びの言葉、署名を忘れずに。

Lieber Herr Bäcker,

mein sechsmonatiges Praktikum ist bald zu Ende. Ich muss meiner Universität ein Gutachten von Ihnen vorlegen. So wäre es sehr freundlich von Ihnen, wenn Sie ein Gutachten zu meinem Praktikum schreiben würden. Könnten Sie es bitte bis nächsten Freitag schreiben? Besten Dank im Voraus für Ihre Mühe.

Viele Grüße
Hana Aoyama

訳例・親愛なるベッカーさま、// 私の6か月にわたるインターンシップももうすぐ終わります。大学に上司からの所見を提示しなければなりません。そこで私のインターンシップに関する所見を書いていただければ、嬉しく思います。次の金曜日までに書いていただけないでしょうか。どうぞよろしくお願いいたします。// 敬具 / ハナ・アオヤマ

Ihr Praktikum ist bald zu Ende. Ihre Hochschule verlangt nun ein Gutachten des Chefs bzw. der Chefin. Schreiben Sie eine Mail. Bitten Sie Ihre Chefin, Frau Schiller, um ein Gutachten. Geben Sie an, dass sie das Gutachten bis Ende der Woche schreiben soll. Vergessen Sie nicht die Anrede, den Schluss und Ihren Namen.

_____ _____ Schiller,

DL 35

_____

_____

_____

Freundliche _____

_____（サイン）

問題文訳例：あなたのインターンシップはもうすぐ終わります。大学はあなたの上司の所見を求めています。メールを書きましょう。上司のシラーさんに所見を書いてくれるようにお願いしてください。いつまでに所見を書いてほしいか明記してください。呼びかけ、結びの言葉、署名を忘れずに。

解答例：
Liebe Frau Schiller, // mein dreimonatiges Praktikum ist bald zu Ende. Ich muss meiner Universität ein Gutachten von Ihnen vorlegen. Es wäre sehr freundlich von Ihnen, wenn Sie es bis Ende der Woche schreiben würden/könnten. Besten Dank vorab für Ihre Mühe. // Freundliche Grüße /（サイン）

解答例訳：
親愛なるシラーさま、// 私の3か月のインターンシップももうすぐ終わります。私は大学にシラーさまの所見を提出しなければなりません。週の終わりまでに書いていただけるととても助かるのですが。どうぞよろしくお願いいたします。// 敬具 /（サイン）

1．2格の形（総まとめ）

日本語の「てにをは」のように、文中での名詞や代名詞の役割を示すのが「格」です。ドイツ語には4つの格があり、たいてい冠詞や冠詞類の形でこれを示します。これまで学んできた2格の形を、冠詞（類）と名詞の間に形容詞が入る場合も含めて、一覧表にまとめてみましょう。

男性	中性	女性	複数

・定冠詞＋名詞

des Bahnhof(e)s	des Hauses	der Schule	der Häuser

・dieser 型冠詞類＋名詞

dieses Bahnhof(e)s	dieses Hauses	dieser Schule	dieser Häuser

・定冠詞／dieser 型冠詞類＋形容詞＋名詞

des/dieses	des/dieses	der/dieser	der/dieser
großen Bahnhof(e)s	schönen Hauses	modernen Schule	hohen Häuser

・不定冠詞＋名詞

eines Hund(e)s	eines Buch(e)s	einer Tasche	Bücher

・mein 型冠詞類＋名詞

meines Hund(e)s	meines Buch(e)s	meiner Tasche	meiner Bücher

・不定冠詞／mein 型冠詞類＋形容詞＋名詞

eines/meines	eines/meines	einer/meiner	meiner
kleinen Hund(e)s	dicken Buch(e)s	neuen Tasche	alten Bücher

・（冠詞類なし）形容詞＋名詞（参考までに）

grünen Tees	kalten Wassers	frischer Milch	alkoholfreier Getränke

この一覧表からわかるとおり、男性名詞と中性名詞の単数2格ではたいてい、名詞に -s または -es がつきます。男性名詞の中には、2格に -n または -en をつけるものも若干あり、これを「男性弱変化名詞」と呼びます（女性名詞単数と複数の2格では、名詞には何もつけません）。

2格の語尾についてはルールがあるので、下に簡単にまとめましょう。

① -s をつける

語末が -el, -en, -er などで終わる男性名詞（Apfel, Garten, Vater など）、中性名詞（Wasser など）

② -es をつける

語末が -s, -ß, -t, -z などで終わる男性名詞（Fuß, Arzt, Tanz など）、中性名詞（Haus など）

*①、②以外の大部分の男性名詞、中性名詞単数2格には、-s, -es のどちらをつけても構いません。

③ -n をつける（この場合、3格、4格にも -n をつけます）

語末が -e で終わる男性名詞（Junge, Löwe など）

④ -en をつける（この場合、3格、4格にも -en をつけます）

語末が -ent, -ist で終わる男性名詞（Student, Journalist など）

２．２格の使い方

　２格にはいくつか使い方がありますが、ここでは、他の名詞を修飾する使い方だけ学びましょう。この場合の２格は、ほぼ日本語の「〜の」に相当します。

Liegt das in der Nähe eines Bahnhof(e)s ?　それは 駅の 近くにあるの？

２格：eines Bahnhof(e)s < 1格：ein Bahnhof

２格は後ろから前の名詞を修飾する！

Das ist eine Frage des Geld(e)s .　それは お金の 問題だ。

２格：des Geld(e)s < 1格：das Geld

　次の例文のように、固有名詞などに -s をつけて、他の名詞を前から修飾することもあります。この場合、修飾される名詞の冠詞は省略されます。

Das ist Arslans Auto.　それは アスランの 車だ。

３．２格と使う前置詞

　後ろに置かれる名詞や代名詞とともに、場所、方向、時間、手段、原因などを表現するのが「前置詞」です。前置詞によって後ろに置かれる名詞、代名詞の格が決まっており、これを前置詞の「格支配」などと言うこともあります。

　２格と使う代表的な前置詞は、statt「〜の代わりに」、trotz「〜にもかかわらず」、während「〜の間」、wegen「〜のために／せいで」です。それぞれ、例文で使い方を確認しましょう。

Statt eines Brief(e)s habe ich Hana angerufen.
　手紙の**代わりに**（手紙を書く代わりに）ハナに電話した。

Trotz des Regens machen wir einen Ausflug in die Berge.
　雨（が降っている）**にもかかわらず**私たちは山へハイキングに行く。
*trotz Regen(s)、あるいは、trotz dem Regen のように３格と使う場合もまれにあります。

Was machst du **während** der Sommerferien?
　夏休みの**間**は何をするの？

Das Geschäft ist **wegen** Umbau(s) bis Ende September geschlossen.
　店は改築の**ために**９月末まで閉店する。

Wegen des schlechten Wetters haben wir aufgehört, draußen Fußball zu spielen.
　悪天候の**ために**、私たちは外でサッカーするのをやめた。

Des schlechten Wetters **wegen** haben wir aufgehört, draußen Fußball zu spielen.
Wegen dem schlechten Wetter haben wir aufgehört, draußen Fußball zu spielen.
*wegen は、後置したり、３格と使ったりすることもあります。

Es kommt auf das Wetter an.

 **話してみよう**

⬇ DL 36

DIALOG Museum und Picknick (2)

Andreas: Und es kommt natürlich auf das Wetter an, ob wir überhaupt draußen essen können!

Hana: Natürlich! Wir werden Samstag früh entscheiden, ob es sich lohnt Sushi zu kaufen und draußen zu essen.

Andreas: Ja gut. Aber es lohnt sich auf alle Fälle ins Museum für Ostasiatische Kunst zu gehen. Ich war dort schon einmal alleine. Und nachdem du bei uns in die WG eingezogen bist, habe ich mir ganz fest vorgenommen, einmal zusammen mit dir dahin zu gehen. Ich freue mich schon so sehr auf deine fachmännischen Erklärungen!

Hana: (lacht) Du sagst doch immer, für Frauen sollten feminine Formen benutzt werden: Heißt das dann „fachfrauisch"?

Andreas: (lacht auch) Na ja, sagen wir einfach „auf deine fachlich guten Erklärungen"!

Hana: Ich weiß nicht, ob ich das kann! Ich studiere doch Wirtschaft und nicht Kunstgeschichte! Nur weil ich Japanerin bin, habe ich nicht unbedingt viel Ahnung von der Ausstellung. Es kommt ganz darauf an, um welches Thema und welche Zeit es geht.

Andreas: Aber du hast garantiert mehr Ahnung als ich! Eventuell kannst du sogar noch etwas lernen! Auch deshalb lohnt sich der Besuch!

 **もっと知りたいドイツ語表現**

⬇ DL 37

● es を使った熟語

Es kommt auf das Wetter / die Kälte / die Hitze an. 　天気／寒さ／暑さ次第だ。

Es kommt darauf an, ob das Wetter gut ist. 　天気がよいか次第だ。

　　　　　　　　　　 wann der Taifun kommt 　いつ台風が来るか次第だ。

Es lohnt sich auf alle Fälle ins Museum für Ostasiatische Kunst zu gehen.
東アジア美術館には絶対に行く価値がある。

Es kommt darauf an, um welches Thema und welche Zeit es geht.
どのテーマとどの時代が扱われているかが問題だ。

訳—— 美術館とピクニック(2)

アンドレアス： それに、そもそも外で食べられるかどうかは、もちろん天気次第だね。

ハナ： もちろん！　寿司を買って外で食べるのがいいのかは、土曜日の朝に決めましょう。

アンドレアス： そうだね。でも、東アジア美術館は絶対に行く価値があるんだ。前に一度ひとりで行ったことがある。そして君が僕たちのWG(ルームシェア)に越してきて、僕は君と一緒に行こうと固く決心したんだ。君が専門的な(fachmännisch：男性専門家的な)説明をしてくれるのがとても楽しみだ。

ハナ： (笑う)女性のためには女性形の言葉を使うのがいいといつも言っているわよね。ならば、私の場合には専門的もfachfrauischと言うのかしら？

アンドレアス： (やはり笑う)そうだねえ、単純に「君の専門的なよい説明を(楽しみに)」としよう！

ハナ： できるかどうか自信はない。専攻は経済学で、芸術史ではないから！　日本人だからというだけでは、展示されているものについて多くを知っているとは言えないし。どのテーマとどの時代かが問題ね。

ハナ： だけど、きっと君は僕より分かっているよ！　場合によっては君も何かを学べるかもしれないし。だから行く価値はあるのさ！

語句—— es kommt auf ...⁴ an：…次第だ、…が重要だ　das Wetter：天気
überhaupt：そもそも　werden ... entscheiden：決定するつもり／決定するでしょう
〔未来形〕　ob：～かどうか　es lohnt sich：価値がある、意味がある
auf alle Fälle：どんな場合でも、絶対に　allein(e)：ひとりで
die WG＝Wohngemeinschaft：ルームシェア　ein|ziehen：引っ越してくる
sich³ ...⁴ vor|nehmen：計画する、予定する　fest：しっかり　dahin：そこへ
sich⁴ auf ...⁴ freuen：…を楽しみにする　fachmännisch：専門家的な
die Erklärung, -en：説明　lachen：笑う　feminin：女性の、女性的な
die Form, -en：形式　benutzen：使用する　fachfrauisch：女性専門家的な〔辞書には出ていない、ジョークでの造語〕　fachlich：専門の　die Kunstgeschichte：芸術史
unbedingt：必ず　Ahnung von ...³ haben：…を知っている、分かっている
die Ausstellung：展示されているもの、展覧会　es geht um ...⁴：…が問題だ、…にかかわっている　garantiert：絶対に、きっと　eventuell：場合によって
deshalb：それゆえに、だから　der Besuch：訪問、行くこと

● 未来形

Wir werden Samstag früh entscheiden, ob wir ein Picknick machen.
土曜日の朝にピクニックをするかどうか決めましょう。〔1人称：意向、意志〕

Am Samstag wird es schneien.
土曜日には雪が降るでしょう。〔3人称：推量〕

Wirst du endlich in die Bibliothek gehen und das Buch lesen?
いい加減に図書館に行って、その本を読んでくれるかな？〔2人称：要請、命令〕

語彙を増やそう［買い物］

● 買い物

kaufen 買う ⇔ verkaufen 売る ein|kaufen 買い物をする bekommen 手に入れる
holen 買ってくる besorgen 調達する der Kunde, -n（弱変化）/die Kundin, -nen 客
der Verkäufer, – / die Verkäuferin , -nen 店員 die Kasse, -n レジ

● スーパーで

der Supermarkt, -märkte スーパーマーケット die Einkaufstasche, -n 買い物袋
die Tüte, -n 袋 der Einkaufswagen, – ショッピングカート das Regal, -e 棚
das Sonderangebot, -e 特売品 frisch 新鮮な
pl. Lebensmittel 食料品 das Fleisch 肉 der Fisch 魚 das Gemüse 野菜 das Ei, -er 卵
das Obst 果物 das Salz 塩 der Zucker 砂糖 der Pfeffer コショウ
das Gewürz, -e 香辛料 das Mehl 小麦粉 der Reis 米 das Öl 油 der Essig 酢
die Marmelade, -n ジャム das Müsli ミュースリ die Konserve, -n / die Büchse, -n 缶詰
die Tiefkühlkost 冷凍食品 die Milch ミルク die Butter バター der Käse チーズ
der/das Joghurt ヨーグルト das Getränk, -e 飲み物 der Kaffee コーヒー der Tee 紅茶
das Mineralwasser ミネラルウォーター der Saft ジュース das Bier ビール
die Flasche, -n ビン die Dose, -n 缶 das Pfand デポジット pl. Süßigkeiten スイーツ
die Schokolade, -n チョコレート der Kaugummi, -s ガム
die Packung, -en ひと包み、パック eine Packung Eier 1パックの卵
der Becher, –（プラスチックなどの）容器 das Stück, -e 個、切れ、ピース die Scheibe, -n 枚
das Kilo, – キロ das Pfund, – ポンド（1ポンド＝500グラム） das Gramm, – グラム
der Liter, – リットル ein Liter Milch 1リットルのミルク

● 店で

das Geschäft, -e 店 der Laden, Läden 小売店、ショップ das Fachgeschäft, -e 専門店
die Buchhandlung, -en 書店 die Bäckerei, -en パン屋 die Konditorei, -en ケーキ屋
die Metzgerei/Fleischerei, -en 肉屋 der Bioladen, -läden 自然食品店
das Modegeschäft, -e / die Boutique, -n ブティック die Apotheke, -n 薬局
die Drogerie, -n ドラッグストア das Schreibwarengeschäft, -e 文房具店
der Blumenladen, -läden 花屋 der Automat, -en（弱変化）自販機
geöffnet 開いている ⇔ geschlossen 閉まっている

● 値段／支払い

der Preis 値段 der Euro ユーロ der Cent セント
die Quittung, -en 領収書 die Rechnung, -en 請求書
zahlen 支払う bezahlen 支払う kosten 〜の値段である
Was/Wie viel kostet/macht das? これはいくらですか？
Das kostet/macht 70,30 Euro (siebzig Euro dreißig). それは70ユーロ30セントです。
teuer 高価だ ⇔ billig 安い preiswert お買い得の reduziert 値下げした
insgesamt 全部で die Summe, -n 合計 das Wechselgeld 釣り銭、小銭
bar 現金で die Kreditkarte, -n クレジットカード

> **Szene** 街を歩いていて、ハナが興味を引くポスターを見つけたようです。内容に合うものを選びましょう。

1. ハナが行きたがっている展覧会はドイツ芸術の何を展示する？
   ☐ ルネサンスの絵画（**Malerei**）　　☐ ロマン派のデッサン（**Zeichnungen**）
   ☐ 20世紀の彫刻（**Skulptur**）

2. 興味がなさそうなアンドレアスの関心がある分野は？
   ☐ 古典派の音楽　　　　　　　　　☐ 現代舞踏（**Tanz**）
   ☐ 現代芸術

3. 何曜日にふたりは展覧会に行く？
   ☐ 火曜日　　　　　　☐ 木曜日　　　　　　☐ 土曜日

4. その日には美術館は何時まで開いている？
   ☐ 12時まで　　　　☐ 17時まで　　　　☐ 22時まで

（トランスクリプションと訳は133ページ）

表現してみよう

❶ 未来の助動詞 werden は、主語が 1 人称のとき、多くの場合、主語の意志を表します。例にならい、質問に答えてみましょう。

DL 39

例） ◇ Kannst du mir bitte eine Packung Eier kaufen?　タマゴを1パック買ってきてもらえる？

　　 ◆ O.k., (ich) (werde) (dir) eine Packung Eier (kaufen).　いいよ、タマゴ1パック買ってくるよ。

　1 ） ◇ Kannst du mir bitte 500 Gramm Rindfleisch kaufen?　牛肉を500グラム買ってきてもらえる？

　　 ◆ Alles klar, (　　　) (　　　) (　　　) 500 Gramm Rindfleisch (　　　　　).

　2 ） ◇ Könnt ihr uns bitte ein Dutzend Bier holen?

　　　　（君たちは私たちに）ビールを1ダース買ってきてもらえる？

　　 ◆ Kein Problem, (　　　) (　　　　) (　　　　) ein Dutzend Bier (　　　　　).

❷ 未来の助動詞 werden は、主語が 3 人称のとき、多くの場合、推量を表します。例にならい、質問に答えてみましょう。

DL 40

例） ◇ Wie wird das Wetter morgen?　明日の天気はどうなりますか？　　　[Es regnet.]

　　 ◆ Morgen (wird) (es) wohl (regnen).　明日はたぶん雨が降るでしょう。

　1 ） ◇ Wie wird das Wetter übermorgen?　明後日の天気はどうなりますか？　[Es bewölkt sich.]

　　 ◆ Übermorgen (　　　) (　　) (　　　) wahrscheinlich (　　　).　明後日はおそらく曇るでしょう。

　2 ） ◇ Wie wird das Wetter am Sonntag?　日曜の天気はどうなりますか？　　[Es ist schön.]

　　 ◆ Am Sonntag (　　　) (　　) sicher (　　　) (　　　).　日曜はきっと晴れるでしょう。

　3 ） ◇ Wie wird das Wetter am Wochenende?　週末の天気はどうなりますか？　[Es gibt viel Schnee.]

　　 ◆ Am Wochenende (　　　　) (　　　　) vermutlich viel Schnee (　　　　).

　　　　週末はどうやらたくさん雪が降りそうだ。

❸ 未来の助動詞 werden は、主語が 2 人称のとき、多くの場合、その人に対する命令のニュアンスを表します。例にならい、質問に答えてみましょう。

DL 41

例） ◇ Soll ich schon ins Bett gehen?　もう寝なきゃいけないの？

　　 ◆ Ja, du (wirst) sofort ins Bett (gehen)!　そう、すぐに寝なさい！

　1 ） ◇ Soll ich jetzt meine Hausaufgaben machen?　いま宿題やらなくちゃいけないの？

　　 ◆ Ja, du (　　　) sie gleich (　　　　　)!　そう、すぐに…！

　2 ） ◇ Sollen wir diese Arbeit erledigen?　私たちこの仕事片づけなきゃいけないの？

　　 ◆ Ja, ihr (　　　　) sie sofort (　　　　　　)!　そう、すぐに…！

❹ 次の会話を音読しましょう。さらにヒントを参考にして日本語にしてみましょう。

Szene

DL 42

◇ Worum geht es denn hier?

◆ Hier geht es um die Vorbereitung auf die Grillparty am Sonntag. Möchtest du auch daran teilnehmen?

◇ Aber gern! Kann ich euch bei etwas helfen?

◆ Danke, aber wir sind mit der Vorbereitung fast fertig. Kannst du dann vielleicht eine Flasche japanischen Sake mitbringen?

◇ Alles klar, ich werde nicht nur Sake, sondern auch japanischen Schnaps „Shochu" mitbringen.

◆ Klingt super! Hoffentlich wird es am Sonntag schön.

◇ Nach der Wettervorhersage wird es am Wochenende wohl schön sein.

ヒント——Worum geht es denn hier?：ここで何の話をしてるの（何が問題になっているの）？
die Vorbereitung, -en：準備　die Grillparty, -s：バーベキューパーティー
mit ...³ fertig sein：…が終わった　der Schnaps：火酒、蒸留酒、焼酎
hoffentlich：～だとよいのだけれど　die Wettervorhersage, -en：天気予報
nach ...³：…によれば

❺ドイツ人の友人（◆）が土曜のミニ野外コンサートについて話をしているところに、あなた（◇）がやってきます。ヒントを参考に、ドイツ語の会話を完成させてください。

◇ ここで何の話をしてるの（es geht um ...⁴ の構文を使って）？

◆ Hier handelt es sich um unser Mini-Konzert im Freien, das am Samstag stattfindet. Möchtest du auch daran teilnehmen?

◇ もちろん、喜んで！　何か（君たちを）手伝える？

◆ Kannst du dann irgendein Musikinstrument spielen?

◇ 残念ながら（leider）、楽器は弾けない（keins spielen können）んだ。でも（aber）、いくつか日本の歌を歌う（einige japanische Lieder singen）よ。

◆ Wunderbar! Hoffentlich haben wir am Sonntag kein schlechtes Wetter.

◇ 天気予報（der Wetterbericht）によれば、土曜は曇り（bewölkt sein）らしいよ。
（未来の助動詞werden を使って）

DL 43

ヒント——es handelt sich um ...⁴ = es geht um ...⁴　im Freien：野外で
ein schlechtes Wetter：悪天候

解答例

❶1）Alles klar, (ich) (werde) (dir) 500 Gramm Rindfleisch (kaufen).
　2）Kein Problem, (wir) (werden) (euch) ein Dutzend Bier (holen).
❷1）Übermorgen (wird) (es) (sich) wahrscheinlich (bewölken).
　2）Am Sonntag (wird) (es) sicher (schön) (sein).
　3）Am Wochenende (wird) (es) vermutlich viel Schnee (geben).
❸1）Ja, du (wirst) sie gleich (machen)!　　2）Ja, ihr (werdet) sie sofort (erledigen)!
❹ シーン
　◇ここで何の話をしてるの？
　◆ここでは日曜日に開くバーベキューパーティーの準備について話し合ってるんだ。君も参加したい？
　◇もちろん喜んで！　何か手伝えることはある？
　◆ありがとう、でも準備はほとんど終わってるんだ。じゃあ、ひょっとしたら日本酒を1本持ってきてもらえるかな？
　◇オーケー、日本酒だけじゃなく日本の蒸留酒「焼酎」も持っていくよ。
　◆それはいいね！　日曜日、晴れてくれるといいんだけど。
　◇天気予報によれば、週末は良い天気になるらしいよ。
❺◇Worum geht es denn hier? / Worum handelt es sich denn hier?
　◇Aber gern! Kann ich euch bei etwas helfen?
　◇Leider kann ich keins spielen. Aber ich werde einige japanische Lieder singen.
　◇Nach dem Wetterbericht wird es am Samstag bewölkt sein.

Wie werden wir in 100 Jahren leben?

Warum sehen die meisten Menschen eher schwarz, wenn es um die Zukunft geht? Wird die Welt untergehen? Nein! Viele Forscher sagen sogar, dass die Technologie unser Leben sehr dramatisch aber eher positiv verändern wird. Also: Wie wird unser Leben in 100 Jahren aussehen?

Laut UNO wächst die Weltbevölkerung bis 2100 auf 11,2 Milliarden Menschen. Immer mehr Menschen werden immer mehr Raum brauchen. Man wird auch unter dem Wasser oder unter der Erde wohnen. Wissenschaftler sehen auch eine Lösung in Super-Hochhäusern. Läden, Gebäude und Wohnungen werden in 1000 Metern Höhe liegen. Die Superwolkenkratzer der Zukunft werden nicht von Menschen gebaut, sondern von Robotern. Wenn man ausgehen möchte, wird man mit einer Drohne fliegen statt mit einem Auto fahren. Die größten Drohnen werden sogar ganze Häuser transportieren können, also wird man das eigene Haus in den Urlaub mitnehmen können! Unsere Zukunft wird sicher spannend, oder?

読みのヒント ── es geht um ...⁴：…が問題である　die Zukunft, Zukünfte：未来、将来
untergehen：沈む、滅亡する　der Forscher, –：研究者　dramatisch：劇的に
verändern：変える　aus|sehen：～のように見える　laut ...²：…によれば
die UNO：国際連合　wächst < wachsen：成長する　die Weltbevölkerung：世界の人口
bis ...⁴：…まで　die Milliarde, -n：10億　immer＋比較級：ますます～　der Raum：空間
die Erde：地球、地面　der Wissenschaftler, –：科学者　die Lösung：解決
das Hochhaus, -häuser：高層ビル　der Laden, Läden：店　das Gebäude, –：建物
die Wohnung, -en：住居　die Wolkenkratzer, –：超高層ビル　der Roboter, –：ロボット
aus|gehen：外出する　die Drohne, -n：ドローン　statt ...²：…の代わりに
transportieren：輸送する、運搬する　der Urlaub, -e：休暇　spannend：わくわくさせる

訳例 ── 100年後、私たちはどのように生活しているのでしょう？
　　未来について話題になるとき、なぜ多くの人は悲観的に考えるのでしょう？　世界は滅亡するのでしょうか？　いいえ！　多くの研究者はテクノロジーが私たちの生活を劇的に、しかしよりポジティブに変えると言っています。　では100年後の私たちの生活はどのようになっているのでしょうか。
　　国連によると、世界の人口は2100年までに112億人に増加します。　より多くの人々がより多くのスペースを必要とするでしょう。人類は水中、あるいは地下に住むでしょう。　科学者たちはまた、超高層ビルにも解決策を見い出しています。　お店、建物、住居は地上1000mのところに存在するでしょう。未来の超高層ビルは、人間ではなくロボットによって建設されます。　外出したいときは、車を運転する代わりにドローンで飛行します。　最大級のドローンは家全体を輸送することもできるので、休暇に自分の家を持って行くことができます！　私たちの未来にワクワクしませんか？

Bleigießen

Das Bleigießen als Zukunftsorakel, für viele gehört es zu Silvester wie das Feuerwerk. Es handelt sich bei diesem Brauch um eine Weissagung für das kommende Jahr. Blei wird in einem Löffel über einer Kerze geschmolzen und in eine Schüssel mit kaltem Wasser gekippt. Es entsteht eine Form, aus der man seine Zukunft für das neue Jahr deuten kann.

Inzwischen ist es aber verboten, Bleigießen mit Blei zu machen. Es geht dabei um die umweltschädliche Wirkung des Schwermetalls. Blei ist giftig, vor allem für Kinder. Daher hat sich die EU entschieden, in ihrer Chemikalienverordnung einen neuen Grenzwert für Blei in Produkten festzulegen. Als Alternative zum Bleigießen gibt es jetzt Wachsgießen, das nicht gesundheitsschädlich ist.

読みのヒント ── 　das Bleigießen：鉛占い　das Orakel：お告げ
zu ...³ gehören：…に欠かせない　das Silvester, –：大晦日　das Feuerwerk：花火
es handelt sich⁴ um ...⁴：…が問題／話題となっている　der Brauch：慣習
die Weissagung：占い　der Löffel：スプーン　die Kerze：ろうそく
geschmolzen < schmelzen「溶ける」の過去分詞
die Schüssel：ボール、お椀　gekippt < kippen「傾けてこぼす」の過去分詞
entstehen：生じる　die Form：形　die Zukunft deuten：未来を占う
inzwischen：今では　verboten < verbieten「禁止する」の過去分詞
es geht um ...⁴：…が問題となっている　umweltschädlich：環境に有害な
die Wirkung：影響　das Schwermetall：重金属　giftig：有毒の　vor allem：とりわけ
sich⁴ entschieden < sich entscheiden「決定する」の過去分詞
die EU（Europäische Union）：ヨーロッパ連合
die Chemikalienverordnung：化学物質規制令　der Grenzwert：基準値
das Produkt, -e：製品　fest|legen：定める　die Alternative：代替手段
das Wachs：ろう、ワックス　gesundheitsschädlich：健康に害のある

訳例 ── 鉛占い

未来のお告げとしての鉛占いは、多くの人にとって花火と同様、大晦日に欠かせない行事です。この慣習では次の年の占いをします。鉛をキャンドルにかざしたスプーンの中で溶かし、冷たい水の入ったボウルに注ぎます。すると新しい年を予想できる形が現れます。

しかし現在、鉛を使った鉛占いは禁止されています。重金属が環境に有害な影響を与えることが問題となっているのです。鉛は特に子供にとって有毒です。そのためEUは化学物質規制令の中で、製品に含まれる鉛に対し新しい基準値を設定することを決定しました。鉛占いに代わるものとして、今は健康に害のないワックス占いがあります。

書いてみよう

物事をどう思うのか、意見を表明する表現を覚えましょう。

[「AをBと思う」の表現]

Ich finde	das Gemälde	interessant.	その絵画を	興味深い	と思う。
	Ihren Vorschlag	wichtig	あなたの提案を	重要だ	
	seine Meinung	aufschlussreich	彼の意見を	学ぶ点が多い	

Ich halte	die Skulptur	**für**	unverständlich.	その彫刻を	理解できない	と思う。
	ihre Idee		unrealisierbar	彼女のアイディアを	実現不能だ	
	die Diskussion		problematisch	その議論を	問題が多い	

ドイツ語で大事な点は、「感想」だけでなく、理由も書く・言うことです。

Ich finde die Zeichnung sehr gut, **weil** die Landschaft so schön dargestellt ist.
そのデッサンはとても良いと思います、なぜなら風景がとても美しく描かれているからです。

Ich halte die Aquarelle für faszinierend. **Denn** die Kombination der Farben ist meisterhaft.
それらの水彩画を魅力的だと思います。というのも、色のコンビネーションが達者だからです。

weil と denn は、文法では weil が副文となること、denn は語順に影響を与えないこととという違いがありますが、意味的に大きな違いはありません。ただし、warum?「なぜ？」という問いかけに対しては、weil で答えます。weil のほうが、より論理的に根拠を示すのです。

[実践編]

「展覧会はどうだった？」と聞かれますので、3つの理由をつけて答えてみましょう。

DL 46

Wie finden Sie die Ausstellung?

Ich finde die Ausstellung sehr interessant. **Denn erstens** interessiert mich das Zeitalter sehr. **Zweitens** sind die ausgestellten Bilder so wunderbar ausgewählt. Alle haben mir sehr gut gefallen. **Drittens** ist der Katalog sehr gut bearbeitet. Den zu lesen macht bestimmt viel Spaß.

訳例：展覧会をどう思いますか？
展覧会はとても興味深いと思いました。というのも、第一には、その時代が私にとってとても関心がありました。第二に、展示されていた絵がとても素晴らしく選び抜かれていました。すべての絵がとても気に入りました。第三には、カタログがとても作り込まれていました。読むのはきっと楽しいでしょう。

上の文章のように、理由を3つくらい挙げると、とても説得力が増します。一般的には、Erstens ... Zweitens ... Drittens ... 第一には…。第二には…。第三には…。とすればよいでしょう。3つあると説得力がありますが、2つでもOKです。

前のページを参考にしつつ、提示された語句を使いながら、今度は自分でチャレンジしてみましょう。

> „Wie haben Sie das Konzert gefunden?" Antworten Sie auf diese Frage. Und nennen Sie Gründe.
> Dabei hat Ihnen das Konzert sehr gut gefallen. Das Programm selbst haben Sie sehr interessant gefunden. Das Ensemble war überwältigend. Der Solist hat super gespielt ...

Ich habe das Konzert _____ . _____ erstens

_____ das Programm _____ . _____ DL 47

das Ensemble _____ . _____ der Solist

_____ . Deshalb war ich sehr beeindruckt von dem

Konzert.

問題文訳例：
「コンサートをどう思いますか？」この問いに答えてください。そして理由を挙げてください。
あなたはコンサートがとても気に入りました。プログラムはとても興味深いと思いました。アンサンブルは圧倒的でした。ソリストも素晴らしい演奏でした…。

解答例：
Ich habe das Konzert sehr gut gefunden. Denn erstens war das Programm sehr interessant. Zweitens war das Ensemble überwältigend. Drittens hat der Solist wunderbar gespielt. Deshalb war ich sehr beeindruckt von dem Konzert.

解答例訳：
私はそのコンサートをとても良いと思いました。というのも、第一にはプログラムが興味深いと思いました。第二にはアンサンブルが圧倒的でした。第三には、ソリストの演奏が素晴らしかった。なので、私はコンサートにとても圧倒されました。

G ドイツ語の仕組み ▶未来形、esの熟語(es kommt auf ... an / es geht um ...など)

1．未来形

①未来形の形

ドイツ語の未来形は、「werdenの現在形＋...不定形（文末）」の組み合わせで作ります。werdenの現在人称変化については、Unit 2でも復習しましたね。

②未来形の使い方

では、未来形はどのようなときに使うのでしょうか。もちろん、未来のことを表現するときに？

具体例を使って考えてみましょう。例えば、週末を目前に控えた友だち同士が、「A：週末は何をするの？」「B：週末はガールフレンドと鎌倉へ行くんだ」といった会話をしていると仮定しましょう。この会話をドイツ語に訳すと、

A：Was **machst** du am Wochenende?
B：Am Wochenende **fahre** ich mit meiner Freundin nach Kamakura.

となるでしょう。つまり、未来形は使いません。ドイツ語では、**単純に時間的な未来は現在形で表現**できてしまうのです（たいてい、未来を表現する副詞がセットで添えられます）。

逆に、あえて未来形を使う場合は、「ニュアンス」が加わることが多いのです。しかも、そのニュアンスは主語の人称によって異なります。

③未来形のニュアンス

未来形が持つニュアンスについて、「もっと知りたいドイツ語表現」に出てきた例文も参考にしながら考えてみましょう。

1）主語が1人称の場合：意向、意志、決意

Wir **werden** Samstag früh **entscheiden**, ob wir ein Picknick machen.
　　土曜日の朝にピクニックをするかどうか決めましょう。
〔ピクニックするかどうかは、今ではなく、土曜日の朝になってから決めようという「意向」〕

Ich **werde** dich nie **vergessen**.　お前のことは決して忘れない。　〔固い「意志、決意」〕

2）主語が2人称の場合：要請、命令

Wirst du endlich in die Bibliothek **gehen** und das Buch **lesen**?
　　いい加減に図書館に行って、その本を読んでくれるかな？
〔「そろそろ～してほしいのだけれど」という「要請」〕

Ihr **werdet** aber jetzt **aufstehen**!　お前たちもう起きなさい！　〔強い「要請」、あるいは「命令」〕

3）主語が3人称の場合：推量

Am Samstag **wird** es **schneien**.　土曜日には雪が降るでしょう。
〔土曜日の天気についての「推量」〕

Andreas **wird** wohl krank **sein**.　アンドレアスはたぶん病気なのだろう。
〔アンドレアスの今の様子に関する「推量」。wohl、vielleichtなどとセットで〕

2．esを使った熟語的表現

　英語のitに相当するesですが、これを使った熟語的表現には、使用頻度が高く
ぜひ覚えておきたいものがいくつもあります。スキットに出てきた表現も含めて、
よく使いそうなものをまとめておきましょう。

1）es geht＋(人の) 3格「～（人）の調子は ... である」

　日常会話でよく使うので、反射的に口をついて出るようにしておきたいもので
すね。

　　Wie **geht es** Ihnen?　— Danke, (**es geht** mir) ausgezeichnet!
　　　お元気ですか？　　— ありがとう、（私は）絶好調です！

2）es gibt＋4格「～がある」

　これもよく使う表現です。

　　Gibt es hier in der Nähe ein gutes Restaurant?　この近くにおいしいレストランはありますか？
　　— Ja, gehen Sie hier geradeaus und dann an der ersten Kreuzung nach rechts.
　　Auf der linken Seite sehen Sie das Restaurant „Palazzo Reale".
　　　— ええ、ここをまっすぐ行って、それから最初の十字路を右へ折れてください。
　　　　左側にレストラン「王宮」が見えます。

3）es kommt auf＋4格 an「～次第である、～が重要／問題である」

　　* kommt ... an < an|kommen

　　Es kommt auf die Hitze **an**.　　　　　　暑さ次第だ。
　　Es kommt dar**auf an**, ob das Wetter gut ist.　天気次第だ。

　2つ目の例文については、少々補足説明が必要です。前置詞の後に代名詞がくる
とき、その代名詞が物や事を指している場合は「da(r)＋前置詞」の形に簡略化す
ることができます（前置詞が母音で始まる場合は、da- と前置詞の間に -r- を挟みま
す）。

　　Fährst du wirklich mit diesem Auto durch Sibirien?
　　— Natürlich, **damit** (< **mit ihm**) fahre ich durch Sibirien.
　　　本当にこの車でシベリアを横断するの？　— もちろん、これでシベリアを横断するのさ。

　上の例文 „Es kommt dar**auf** an, ob das Wetter gut ist."のdaraufは、auf es
の簡略形で、esはob以降を先取りする代名詞だと理解すればいいでしょう。
　文中に「da(r)＋前置詞」の形が出てきたら、da(r)の部分、つまり、代名詞が何
を指しているのかを考える習慣をつけるといいでしょう。そうすることで、その
文と前後のつながりが見えてくるはずです。

4）es geht um＋4格／es handelt sich um＋4格「～が話題／重要／問題である」

　　In der Ausstellung **geht es um** die japanische Malerei in der Meiji-Zeit.
　　＝In der Ausstellung **handelt es sich um** die japanische Malerei in der Meiji-Zeit.
　　　展覧会では明治時代の日本の絵画が扱われている。

Könntest du mir einen Gefallen tun?

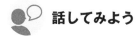 話してみよう

↓ DL 48

DIALOG Höflichkeit (1) 〜〜〜〜〜〜〜〜〜〜〜〜〜〜〜〜〜〜〜〜

ハナがスヴェンにていねいな表現のしかたについて質問しています。

Hana: Könntest du mir einen Gefallen tun, Sven?

Sven: Aber sicher, Hana. Welchen denn?

Hana: Ich muss morgen mit einem Kunden ein Gespräch führen. Könntest du mir ein paar Tipps geben? Vor allem, wie höflich ich das machen soll ...

Sven: Kein Problem. Komm, wir setzen uns mit einem Tee in die Küche.

Hana: Ich habe etwas zu schreiben mitgebracht. Bitte fang an.

Sven: Wenn man immer „bitte" benutzt, ist es schon höflich. Und dann einfach Konjunktiv II. Also z.B.: „Bitte setzen Sie sich doch". Ach so: durch „doch" und „denn" oder „mal" wird eine Aufforderung etwas netter.

Hana: Aber diese Wörter haben keine Bedeutung, oder?

Sven: Nicht wirklich. Aber wie gesagt, es ist dann netter und weil der Satz eine Silbe mehr hat, ist der Sprachrhythmus angenehmer.

Hana: O.k. Und sonst einfach „könnten", „hätten", „würden" usw.?
— Also: „Könnten Sie bitte die Zahlen für 2025 schicken?". Geht das so? (grinst) Würdest du das bitte bestätigen?

 もっと知りたいドイツ語表現 ⋯⋯⋯⋯⋯⋯⋯⋯⋯⋯⋯⋯⋯⋯⋯⋯⋯

↓ DL 49

● ていねいなお願い

Könnten Sie
Könntest du mir bitte einen Gefallen tun?　（もしよければ）お願いできるでしょうか？
Könntet ihr

・接続法第2式でのお願いは、「もしよければ」「かまわないようであれば」といった非現実の仮定のニュアンスを込めて使う表現です。

・könnte のほかに、würde を使ってもOKです。Würden Sie ...? / Würdest du ...? / Würdet ihr ...? となります。意味的にはほとんど違いはありません。

訳 ―― ていねいさ（敬語）（1）

ハナ： スヴェン、よかったら助けてもらえるかな。

スヴェン： もちろんさ、ハナ。どうしたらいい？

ハナ： 明日お客さんと打ち合わせをしないといけなくて。いくつかヒントをもらえるかな。特にどれくらいていねいにすればいいのか…。

スヴェン： 大丈夫。さあ、キッチンに座ってお茶を飲みながら話そう。

ハナ： 書くものを持ってきた。どうぞ始めて。

スヴェン： いつも bitte を使うことで、充分ていねいなんだ。それから接続法第2式があればいいね。つまり、「さあどうぞおかけになってください」とか。そうそう、doch や denn、あるいは mal があると、お願いごとがいくらか優しい感じになる。

ハナ： でも、こうした単語には意味はないんでしょ？

スヴェン： そう、あまりね。でも言ったように、優しくなるし、文に1音節増えるので、言葉のリズムが心地よくなるんだ。

ハナ： わかった。その他は könnten、hätten、würden などを使えばいい？　つまり、「2025年の数値を送っていただけませんか？」とか。これで大丈夫？（ニッと笑って）確認してくださる？

語句 ―― die Höflichkeit：ていねいさ、礼儀、敬語　j³ einen Gefallen tun：人に好意を示す
aber sicher：もちろんだよ〔aber で強調を表す："Aber gerne!"「喜んで！」〕
Welchen (Gefallen)?：どういう好意？　der Kunde：顧客〔男性弱変化名詞：den/dem/des Kunden〕　ein Gespräch führen：会話をする　ein paar：いくつかの
der Tipp, -s：ヒント、アイディア　vor allem：とりわけ　höflich：ていねいに
sich⁴ setzen：座る　die Küche：キッチン　etwas zu schreiben：何か書くもの
mit|bringen：持ってくる　fang an < an|fangen「始める」の du に対する命令形
benutzen：使う　schon：すでに、充分に　einfach：単純に
der Konjunktiv II：接続法第2式　also：つまり、すなわち　die Anforderung：要求
etwas netter：いくらか優しく　das Wort, Wörter：単語〔もうひとつの複数形 die
Worte は「（まとまった）言葉、文」の意味〕　die Bedeutung：意味　der Satz：文
die Silbe：音節　der Sprachrhythmus：言葉のリズム　angenehm：心地よい
sonst：それ以外は　die Zahl, -en：数　für …⁴：…に限っての　schicken：送る
das geht：大丈夫だ、問題ない　grinsen：にやつく　bestätigen：確認する

・この j³ einen Gefallen tun という表現は、その前後で具体的なお願いをして、それをていねいに念押しする表現です。ハナも、この表現を使った後で、「ヒントをくれない？」と言っています。

Könntest du mir ein paar Tipps geben?　いくつかヒントをくれるかな？
Würdest du das bitte bestätigen?　確認してくれるかな？
Könnten Sie mir mal den Stift geben?　私にペンを取ってくれますか？
Würden Sie bitte die Zahlen für 2025 schicken?　2025年の数値を送ってくれますか？

語彙を増やそう ［役に立つ小さな言葉たち］

● **強調**

vor allem / unter anderem (u.a.) / besonders / insbesondere / nicht zuletzt とくに、とりわけ

ganz und gar まったく、すっかり

gar nicht / überhaupt nicht / ganz und gar nicht まったく〜でない、全然〜でない

nie und nimmer 決して〜ない、一度も〜ない

● **例示**

zum Beispiel (z.B.) / beispielsweise たとえば

und so weiter (usw.) / etc. / und andere (u.a.) 〜など、〜等々

● **追加、並記**

außerdem / darüber hinaus / zudem / überdies / ferner さらに、その他に

apropos / nebenbei bemerkt ちなみに、ついでに言えば

beziehungsweise (bzw.) または、もしくは

● **話題の転換、つなぎ**

übrigens ところで nun さて、ところで

● **要約、まとめ、説明**

kurz / kurz gesagt / kurz und gut / kurz und bündig / um es kurz zu sagen 簡潔に言えば、要するに das heißt (d.h.) すなわち、言い換えると und zwar 詳しく言うと、しかも

nämlich つまり、というのも（その理由は）

　➡この意味の時は、文頭以外に置かれる。

　　Er kann leider nicht kommen, er ist nämlich stark erkältet.

　　彼は残念ながら来ない、というのもひどい風邪をひいているからだ。

● **時に関するもの**

zuerst / zunächst まず、最初に　　dann それから　danach その後で

anschließend 引き続いて　zum Schluss / schließlich 最後に

immer wieder 繰り返し　immer noch 依然として、いまだなお　für immer ずっと、永遠に

wie immer いつものように

vor kurzem 少し前に、最近　seit kurzem 少し前から　seit langem ずっと前から

ab und zu / hin und wieder ときどき　früher oder später 遅かれ早かれ

noch einmal もう一度　auf einmal 突然、一度に

nicht mehr もう〜でない　im Voraus 前もって、あらかじめ　zurzeit (zz.) 目下、今のところ

● **場所に関するもの**

hin und zurück 往復、行き帰り　auf und ab 上がったり下がったり

hin und her / hin und dort あちこち、行ったり来たり　vor Ort 現場で、現地で

von Ort zu Ort あちこち転々と　von weitem (her) 遠くから　weit und breit 見渡す限り

● **その他**

quasi / sozusagen いわば、あたかも、さながら　so genannt- (sog.) いわゆる、世に言う

ohne weiteres たやすく、あっさり、何の問題もなく　bis auf weiteres さしあたり、当分の間

über und über 全面的に、すっかり

聞き取ってみよう ⬇ DL 50

Szene アンドレアスがキッチンで困っている様子です。ハナが来ました。

1. アンドレアスがしようとしているのは？
   - ☐ 寿司を作る　　　　　　　　　☐ 寿司を売る
   - ☐ 寿司を食べる

2. アンドレアスがハナに手伝ってもらいたいのは？
   - ☐ 寿司の材料を用意する　　　　☐ 寿司用の刺身を用意する
   - ☐ 寿司めしを作る

3. ハナがするのは？
   - ☐ 寿司酢をごはんに注いであおぐ　　☐ ごはんと寿司酢を混ぜる
   - ☐ ボウルを手で押さえる

4. アンドレアスがするのは？
   - ☐ 寿司酢をごはんに注いであおぐ　　☐ ごはんと寿司酢を混ぜる
   - ☐ ボウルを手で押さえる

（トランスクリプションと訳は134ページ）

💬 表現してみよう

❶ (1-1) ていねいさの違いを意識しながら、例にならい、Sie で話す相手に何かを頼む表現を練習してみましょう。

DL 51

例) [bitte ab und zu das Zimmer lüften ときどき部屋を換気する]

a) 普通の命令文：<u>Lüften Sie bitte ab und zu das Zimmer!</u> ときどき部屋を換気してください！

b) können を使ったていねいな依頼表現：
<u>Können Sie bitte ab und zu das Zimmer lüften?</u> ときどき部屋を換気していただけますか？

c) können/werden の接続法第２式を使ったよりていねいな依頼表現：
<u>Könnten/Würden Sie bitte ab und zu das Zimmer lüften?</u>
ときどき部屋を換気していただけますでしょうか？

1) [mir bitte helfen, das Gepäck zu tragen 手荷物を運ぶのを手伝う]

a) _____

b) _____

c) _____

❶ (1-2) 同じ不定詞句を使い、今度は du で話す相手に対し、同様の練習をしてみましょう。

1) [mir bitte helfen, das Gepäck zu tragen 手荷物を運ぶのを手伝う]

a) _____

b) _____

c) _____

DL 52

❷ 「もし〜していただけると、うれしいのですが」と、さらにていねいに何かを頼む表現を練習してみましょう。接続法第２式が使われ、手紙やメールなどでよく見られる表現です。

DL 53

例) [mir die Informationsblätter zu | senden 私に情報提供用パンフレットを送る]
Ich würde mich freuen, wenn Sie <u>mir die Informationsblätter zusenden</u>
könnten/würden.
私に情報提供用パンフレットをお送りいただければ幸いに存じます。

1) [mir die entsprechenden Unterlagen zu | senden 私に関係資料を送る]

_____

2) [auf meine E-Mail zeitnah antworten 私のメールに折り返し返事をする]

_____

❸ あるドイツ企業に実習に関する書類の送付を依頼するメール文です。音読し、さらにヒントを参考にして日本語にしてみましょう。

Sehr geehrte Damen und Herren,

bei der Deutschen Botschaft in Tokyo habe ich erfahren, dass es bei Ihnen auch für ausländische Studierende die Möglichkeit gibt, ein Praktikum zu machen. Ich würde mich sehr freuen, wenn Sie mir die Informationsblätter und die entsprechenden Unterlagen zusenden könnten.

DL 54

Für Ihre Bemühungen danke ich Ihnen im Voraus.

Mit freundlichen Grüßen
Manabu Suzuki

ヒント ── Sehr geehrte ...：拝啓〜様〔複数の相手に〕　die Deutsche Botschaft：ドイツ大使館
erfahren：聞き知る　ausländische Studierende：外国人学生〔複数〕
die Möglichkeit：可能性、チャンス　ein Praktikum machen：実習を行う
die Bemühung, -en：骨折り、努力　im Voraus：前もって
Mit freundlichen Grüßen：敬具

❹今度はあなた自身が、ある語学学校に講座に関する資料の送付を依頼してみましょう。
❸のメール文を参考に、次の日本語をドイツ語にしてみてください。

拝啓（関係者の）みなさま
ある友人が（ein Freund）、貴校でドイツ語を学ぶことを（in Ihrer Sprachschule Deutsch
zu lernen）私に勧めてくれました（empfehlen > empfohlen）。できれば（wenn es
geht）8月にB1ドイツ語講座を受講し（einen Deutschkurs B1 besuchen）たいと思います。
（私に）情報提供用パンフレットと関連書類をお送りいただければ大変幸いに存じます。お手数
をおかけして申し訳ありませんが、よろしくお願いいたします（Für Ihre Bemühungen
danke ich Ihnen im Voraus.）。
敬具
○○▲▲

DL 55

解答例

❶(1-1)
1) a) Helfen Sie mir bitte, das Gepäck zu tragen!
   b) Können Sie mir bitte helfen, das Gepäck zu tragen?
   c) Könnten/Würden Sie mir bitte helfen, das Gepäck zu tragen?
❶(1-2)
1) a) Hilf mir bitte, das Gepäck zu tragen!
   b) Kannst du mir bitte helfen, das Gepäck zu tragen?
   c) Könntest/Würdest du mir bitte helfen, das Gepäck zu tragen?
❷1) Ich würde mich freuen, wenn Sie mir die entsprechenden Unterlagen zusenden könnten/würden.
  2) Ich würde mich freuen, wenn Sie auf meine E-Mail zeitnah antworten könnten/würden.
❸
拝啓(関係者の)みなさま // 東京のドイツ大使館で、御社では(直訳：あなた方のところでは)外国人学生に対
しても実習を行うチャンスがある旨伺いました。つきましては(私に)情報提供用パンフレットおよび関係書類
をご送付いただければ大変幸いに存じます。// お手数をおかけして申し訳ありませんが、よろしくお願いいた
します(直訳：あなたのお骨折りに、あらかじめお礼を申し上げます)。// 敬具／スズキ　マナブ
❹
Sehr geehrte Damen und Herren,

ein Freund hat mir empfohlen, in Ihrer Sprachschule Deutsch zu lernen. Wenn es geht, möchte
ich im August einen Deutschkurs B1 besuchen. Ich würde mich sehr freuen, wenn Sie mir die
Informationsblätter und die entsprechenden Unterlagen zusenden könnten.
Für Ihre Bemühungen danke ich Ihnen im Voraus.

Mit freundlichen Grüßen
○○▲▲

読んでみよう

Wohnungsbesichtigung
Sehr geehrte Vermieterin, sehr geehrter Vermieter,

mit großem Interesse habe ich Ihre Anzeige im „Münchener Immobilien-Blatt" für die Mietwohnung in der Burgstraße 23 gelesen. Die Wohnung hat für mich die ideale Größe und ist nicht weit von der Universität. Ich würde gern noch einige Details zu der Wohnung erfahren, und deshalb hätte ich noch ein paar Fragen an Sie:
Ist die angegebene Miete kalt oder warm? Gibt es sonst noch Nebenkosten? Gibt es eine Mietkaution? Hat das Mietshaus einen Aufzug oder einen Keller? Ich bin 22 Jahre alt und studiere zurzeit Informatik in Berlin, und nächstes Semester wechsele ich nach München. Ich habe eine Mietbürgschaft von meinen Eltern. Ich bin Nichtraucher und habe keine Haustiere.
Über eine Einladung zu einem Besichtigungstermin würde ich mich sehr freuen. Sie können mich täglich ab 17:30 unter der Telefonnummer 030-1234567 kontaktieren.
Per E-Mail bin ich jederzeit für Sie unter b_mueller@online.de erreichbar.

Mit freundlichen Grüßen
Boris Müller

読みのヒント ── die Wohnungsbesichtigung：マンション／アパートの見学
der Vermieter：家主　die Anzeige：広告　die Mietwohnung：賃貸マンション／アパート
das Detail, -s：細部　an|geben：知らせる　die Miete：家賃　kalt：光熱費抜きの
warm：光熱費込みの　die Nebenkosten：[複数で]追加費用　die Mietkaution：敷金
das Mietshaus：賃貸マンション／アパート(個々の住まいではなく建物全体)
der Keller：地下室　der Aufzug：エレベーター　die Informatik：情報科学
wechseln：替える　die Mietbürgschaft：賃貸保証　der Nichtraucher：非喫煙者
das Haustier, -e：ペット　die Einladung：招待　der Besichtigungstermin：見学の予約
täglich：毎日　kontaktieren：連絡をとる　jederzeit：いつでも　erreichbar：連絡のとれる

訳例 ── 物件見学
オーナー様 // Münchener Immobilien-Blattに掲載されているBurgstraße 23の賃貸物件の広告を興味深く読みました。その住所は私にとって理想的な大きさで、大学からもそう遠くありません。その物件についてもう少し詳しく知りたいので、いくつか質問をさせていただきます。
記載されている家賃は光熱費抜きですか、込みですか。他に追加費用はありますか？　敷金はありますか？　アパートの建物にはエレベーターや地下貯蔵室がありますか？
私は22歳で、現在ベルリンで情報科学を勉強しています。次の学期からミュンヘンに移ります。両親からの賃貸保証があります。私は喫煙はせず、ペットも飼っていません。
物件の見学をさせていただけましたら幸いです。
午後5時30分からであれば、毎日030-1234567でご連絡いただけます。　メールb_mueller@online.deであれば、いつでも対応可能です。// よろしくお願いいたします。 ／ ボリス・ミュラー

Der Kinder-Koch-Club mit Klara Käßmann
Heute: Wiener Schnitzel
Zutaten für 4 Personen: 4 Scheiben Kalbsschnitzel, 150g Mehl, 2 Eier, 300g Semmelbrösel, eine Zitrone, eine Prise Salz, 6 EL Öl
Zubereitung:

1. **Lege zuerst die Schnitzel zwischen Frischhaltefolie und klopfe behutsam. Würze danach das Fleisch beidseitig mit Salz und Pfeffer. Jetzt bereite die Panade vor: wende die Schnitzel in Mehl, klopfe sie leicht ab, dann zieh sie durch die Eier und wende sie in den Bröseln.**

2. **Erhitze das Öl in einer Pfanne. Brate die Schnitzel auf beiden Seiten, rüttele die Pfanne ein wenig beim Braten, damit die Schnitzel gleichmäßig goldbraun werden. Nimm die Schnitzel heraus, und lass sie auf Küchenpapier abtropfen.**

3. **Schneide Zitrone in Spalten und serviere die fertigen Wiener Schnitzel mit Kartoffelsalat und den Zitronenspalten. Fertig! Guten Appetit!!!**

＊du に対する規則変化動詞の命令形の語尾 -e は、口語表現ではよく省略しますが、書き言葉では つけること で正式な感じになります。ただし、du bereitest, wendest などのように、口調を整える e をいれる動詞では、命令形でも必ず Bereite! Wende! となります。

読みのヒント ── das Wiener Schnitzel：仔牛のカツレツ die Zutat, -en：材料
　　die Scheibe, -n：スライス das Mehl：小麦粉 der Semmelbrösel：パン粉
　　die Zitrone：レモン die Prise：一つまみ EL＝der Esslöffel：テーブルスプーン、大さじ
　　die Zubereitung：調理 leg＜legen「置く」の du に対する命令形
　　die Frischhaltefolie：ラップ klopf＜klopfen：たたく behutsam：慎重な
　　würz＜würzen：味付けする beidseitig：両面の bereite ... vor＜vor|bereiten：準備する
　　die Panade：(揚げ物の)衣 wende＜wenden：裏返す
　　klopf ... ab＜ab|klopfen：はたいて落とす zieh ... durch＜durch|ziehen：通す
　　erhitze＜erhitzen：加熱する zwei Finger：指2本分の die Pfanne：フライパン
　　brate＜braten：焼く rüttele＜rütteln：揺り動かす gleichmäßig：均等な
　　goldbraun：きつね色の nimm ... heraus＜heraus|nehmen：取り出す
　　das Küchenpapier：キッチンペーパー ab|tropfen：(油を)切る die Spalte, -n：切片
　　serviere＜servieren：盛り付ける der Kartoffelsalat：ポテトサラダ

訳例 ── Klara Käßmann の子ども料理クラブ
　　今日のメニュー：仔牛のカツレツ
　　4人用の材料：仔牛のカツレツ4切れ、小麦粉150g、卵2個、パン粉300g、レモン、塩少々、油大さじ6
　　調理方法：
　　1. まずカツレツをラップの間に置き、軽くたたく。 次に肉の両面を塩とコショウで味付する。衣の準備をし、カツレツを小麦粉の中で裏返し、卵に通してパン粉をつける。
　　2. フライパンで油を加熱。カツレツを両面焼き、焼いている間はカツレツが均等にきつね色になるようにフライパンを軽く振る。 カツレツを取り出し、キッチンペーパーで油を切る。
　　3. レモンをくし切りにし、できあがった仔牛のカツレツにポテトサラダとレモンを添える。完成！ 召し上がれ!!!（日本なら豚モモ肉でどうぞ）

書いてみよう

友人や知り合いと会う約束をしましょう。

[「会おう」の表現]

Wann und wo treffen wir uns?	いつどこで会おうか？
Wann und wo wollen wir uns treffen?	
Wo ist unser Treff/Treffpunkt?	待ち合わせ場所はどこ？
Wie wäre es am Freitagabend ?	金曜日の午後はどう？
um 19 Uhr	19時はどう？
in Shibuya	渋谷はどう？
Treffen wir uns um 18 Uhr am Hachiko?	18時にハチ公のところで会う？
Mir wäre der Samstagnachmittag **recht**.	私は土曜の午後がいい。
Mir wäre Shinjuku **am liebsten**.	私は新宿が一番いい。
Wir haben ein Treffen am Sonntag vereinbart.	私たちは日曜日に会う約束をした。

[実践編]

今度の週末に、映画を観に友だちと会う約束をするメールを書いてみましょう。

DL 58

Hallo Sven,

jetzt läuft der neue Film „XX". Wie versprochen, gehen wir zusammen ins Kino! Können wir uns an diesem Wochenende treffen? Am Samstag oder am Sonntag? Mir wäre der Samstag am liebsten. Ich würde vorschlagen, wir treffen uns am Samstag um 18 Uhr in Shibuya, z.B. am Hachiko. Ist dir das recht? Ich freue mich auf deine Antwort.

Grüße
Anna

訳例：
こんにちは、スヴェン、
今、新作映画の『XX』が上映されているよ。約束したように、一緒に映画を観に行きましょう！ この週末に会える？ 土曜に、それとも日曜に？ 私は土曜が一番いいです。提案としては、土曜の18時に渋谷で、例えばハチ公のところで会うのはどうかな。それでいい？
返事を楽しみにしています。
お元気で
アンナ

> Jetzt gibt es eine interessante Ausstellung in der Stadt. Sie wollen am kommenden Wochenende mit Ihrem Freund/Ihrer Freundin in die Ausstellung gehen. Schreiben Sie ihm/ihr eine Mail und schlagen vor, zusammen hinzugehen.

DL 59

_____, [呼びかけ]

die Impressionisten-Ausstellung in Ueno, über die wir gesprochen haben,

hat angefangen. _____ wir zusammen _____!

Wollen _____ an diesem Wochenende _____?

_____ der Sonntagabend _____. Ich würde _____,

_____ am Sonntag um 17 Uhr am Bahnhof. Ist dir das recht?

Ich _____ auf deine Antwort.

_____

_____ [サイン]

問題文訳例：
今、街で面白い展覧会があります。この週末に友だちとその展覧会に行こうと思います。友だちにメールを書いて、一緒に行こうと提案してください。

解答例：
Hallo AAA, [相手のファーストネームを]

die Impressionisten-Ausstellung in Ueno, über die wir gesprochen haben, hat angefangen. Gehen wir zusammen in die Ausstellung! / Wollen wir zusammen in die Ausstellung gehen?
Wollen wir uns an diesem Wochenende treffen? Mir wäre der Sonntagabend recht / am liebsten. Ich würde vorschlagen, wir treffen uns am Sonntag um 17 Uhr am Bahnhof. Ist dir das recht?
Ich freue mich auf deine Antwort.

Grüße [他に Viele Grüße / Beste Grüße / Herzliche Grüße なども]
BBB [自分のサイン]

解答例訳：
こんにちは、AAA、// 私たちが話していた上野での印象派展が始まったよ。一緒に展覧会に行きましょう！／この週末に会える？　私は日曜の夕方が一番いいです。提案としては、日曜の17時に駅で会うのはどうでしょう。それでいい？／返事を楽しみにしています。// お元気で／BBB

1. 接続法第2式を使った「ていねいなお願い」の表現

①接続法第2式の形

　接続法第2式は、動詞の過去基本形をもとにして作り、主語に対応して若干の語尾変化をします。ここでは、動詞 haben, sein, werden、助動詞 können に絞って、2人称 Sie, du, ihr を主語とするときの形だけ確認しておきましょう。

不定形	haben	sein	werden	können
過去基本形	hatte	war	wurde	konnte
接続法第2式	**hätte**	**wäre**	**würde**	**könnte**

* 不規則変化する動詞の場合、過去基本形の幹母音が a, o, u のときは、たいていこれを変音（ウムラオト）させます。

Sie	-(e)n	hätten	wären	würden	könnten
du	-(e)st	hättest	wärest	würdest	könntest
ihr	-(e)t	hättet	wäret	würdet	könntet

* 過去基本形が -e で終わっている場合、語尾の (e) は省きます。

②「ていねいなお願い」の表現

　「もっと知りたいドイツ語表現」ですでに説明済みですが、接続法第2式を使った「ていねいなお願い」の表現には、「もしよければ」「もしかまわなければ」といった、非現実的な仮定のニュアンスが含まれています。können の接続法第2式と werden の接続法第2式、どちらを使っても同じような意味になります。

Könnten Sie
Könntest du
Könntet ihr
mir (bitte/mal) ein paar Tipps geben?

・心態詞の bitte や mal を入れると表現がさらに優しくなる
・「心態詞（Modalpartikel）」というのは、発言内容に話者の感情や態度などをニュアンスとして添える言葉
・上の例文のように、人称代名詞や再帰代名詞、指示代名詞などがあると、その直後に挿入される

Würden Sie
Würdest du
Würdet ihr
(bitte/mal) die Zahlen für 2025 schicken?

　この他に、「ていねいなお願い」のある程度決まった表現の仕方があります。2つだけ、例を挙げておきましょう。

1）können/werden の接続法第2式＋ j³ einen Gefallen tun/erweisen?

　直訳で考えれば、「～（人）に親切／好意を示していただけますでしょうか」と

いった意味になりますが、スキットのように、通常は前後で行う具体的なお願いをていねいに念押しする表現として使います。

Könnten/Würden Sie ⎫
Könntest/Würdest du ⎬ **mir** bitte **einen Gefallen tun/erweisen**?
Könntet/Würdet ihr ⎭　　（よろしければ）お願いできるでしょうか？

2）sein の接続法第2式＋so nett, ... zu 不定詞？

直訳すると、「（zu不定詞で示されることをする）ほど親切でいらっしゃいますか」となります。

Wären Sie ⎫
Wärest du ⎬ **so nett,** mir den Stift zu **geben**?
Wäret ihr ⎭　　そのペンを取っていただけますでしょうか？

2．命令法

①命令法の形

誰かに何かを命令するときの動詞の形を「命令法」と言いますが、命令する相手 Sie, du, ihr に応じて形が少々異なります。

Sie に対して：語幹＋**en Sie** ... !
du に対して　：語幹＋**(e)** ... !
ihr に対して　：語幹＋**(e)t** ... !

* du と ihr に対する命令形で -e- を入れるのは、動詞の語幹が -d や -t などで終わる場合です。ただし、口語表現の場合は、動詞の語幹が -d や -t などで終わる場合も含めて、du に対する命令形で -e- を入れないことが多いようです。

** sein の場合は少々特殊で、Sie に対して Seien Sie ... ! / du に対して Sei ... ! / ihr に対して Seid ... ! となります。

②命令文

例文を用いて、命令法の使い方を具体的に確認しましょう。

1）**Gib** mir <u>doch</u> ein paar Tipps!　　〔du に対して〕いくつかヒントをください！
* 心態詞 doch は、命令文中では「ぜひ／どうか」といったニュアンスを表現します。

2）**Fahr** <u>doch</u> langsamer!　　〔du に対して〕もっとゆっくり走って！
* du と er/sie/es で幹母音が a から ä に変音する動詞は、du に対する命令法では変音しません。一方で、例文1）のように e が i、または ie に変音する動詞は、命令法でも同様に変音します。

3）**Verzeiht** mir bitte die Verspätung!　　〔ihr に対して〕遅刻してすみません！

4）**Stellen Sie** sich <u>mal</u> vor, er hat die Prüfung bestanden!
〔Sie に対して〕考えてもごらんください、彼はその試験に合格したのですよ！
* 心態詞 mal は、命令文中では「まあ／さあ」といったニュアンスを表現します。

Ich bin ganz Ihrer Meinung.

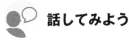 話してみよう

 ⬇ DL 60

DIALOG Höflichkeit (2)

Sven: Genau! Einfach das, was du sagen willst, mit „könnte" oder jedes beliebige Verb und „würde".

Hana: Kann ich dann auch sagen: „Würden Sie bitte die Zahlen für 2025 schicken?"

Sven: Ja, richtig. Und denk dran, durch die Form einer Frage – wie du das gerade gemacht hast – wird das, was du sagst oder erklärst, noch höflicher.

Hana: Könnte ich das auch bei einer Diskussion oder anderen Meinung benutzen?

Sven: Natürlich. Z.B. „Ich bin ganz Ihrer Meinung. Aber könnten wir das nicht etwas später auf den Markt bringen?" Das wäre sehr höflich: zuerst eine Zustimmung, aber dann ein sehr höflicher Änderungs-Vorschlag.

Hana: Was du eben erklärt hast, finde ich sehr einleuchtend. Und wenn ich gegen etwas bin?

Sven: „Da kann ich Ihnen leider nicht zustimmen, weil …". Wer widersprechen will, sollte unbedingt den Grund nennen.

Hana: Ich danke dir für alles, was du mir gerade erklärt hast! Könntest du mir bitte mal wieder helfen?

Sven: Gern, Hana. Aber nur, wenn du jetzt bei unserem Gespräch unter Freunden die Höflichkeiten etwas reduzierst! Das ist zuviel!

もっと知りたいドイツ語表現

 ⬇ DL 61

● 賛成・反対を表明する

Ich bin **dafür**.	賛成です。
Ich bin **für den Vorschlag**.	その提案に賛成です。
Ich bin Ihrer Meinung.	あなたの意見と同じです。
Ich stimme Ihnen zu.	あなたの意見に賛成です。
Ich bin **dagegen**.	反対です。
Ich bin **gegen den Vorschlag**.	その提案に反対です。
Ich kann Ihnen leider nicht zustimmen.	残念ながら賛成できません。

◆できるようになること ……… **自分の意見を表明する**

◆ドイツ語の仕組み ………… **不定関係代名詞 wer, was**

訳 ─── ていねいさ（敬語）(2)

スヴェン： そうだね！　単純に言いたいことを könnte と言うか、好きな動詞のどれかと würde だね。

ハナ： それなら、„Würden Sie bitte die Zahlen für 2025 schicken?" とも言える？

スヴェン： その通り。そして考えてみて、今ちょうど君がそうしたように、質問のかたちをとれば、君の言うこと、説明することは、もっとていねいになるんだ。

ハナ： ディスカッションのときや、違った意見を言うときにも使えるかな？

スヴェン： もちろんさ。例えば、「あなたの意見に完全に賛成です。それでも、それを市場に出すのはいくらか後にするのがよくはないでしょうか。」とてもていねいな言い方になるね。まずは賛成して、それからとてもていねいな変更提案をするんだ。

ハナ： 今説明してくれたことは、とても納得できる。それで、何かに反対のときは？

スヴェン： 「残念ながら賛成できません、というのも…」。反論したい人は、必ず理由を言わないとね。

ハナ： 説明してくれたことにお礼を言うわ！　また何かあったら助けてくださる？

スヴェン： 喜んで、ハナ。でも、友だち同士での僕たちの会話ではていねいな表現をいくらか減らしてくれるといいんだけどね！　あまりに多すぎるよ！

語句 ─── das, was du sagen willst：君が言いたいこと（を）　beliebig：任意の
das Verb：動詞　denk d[a]ran < an ...⁴ denken「…のことを考える」の du に対する命令形＝「そのこと／以下のようなことを考えて」　die Form：形式、かたち
gerade：ちょうど　erklären：説明する　noch：さらに　die Diskussion：討論
die Meinung：意見　benutzen：使う　Ihrer Meinung sein：あなたと同じ意見だ
（gleicher Meinung sein：同じ意見だ、anderer Meinung sein：違う意見だ）
...⁴ auf den Markt bringen：…を市場に出す　die Zustimmung：賛成
die Änderung：変更　der Vorschlag：提案　eben：ちょうど　einleuchtend：納得できる　gegen ...⁴：…に反対の（⇔ für ...⁴：…に賛成の）　zustimmen：賛成する
sollte：～するとよい〔sollen の接続法第２式で「促し」〕　der Grund：理由、根拠
j³ für ...⁴ danken：人に…について感謝する　das Gespräch：会話
unter Freunden：友人の間で　reduzieren：減らす

● 「～する人」「～なこと」

Wer widersprechen will, sollte unbedingt den Grund nennen.
反論しようとする人は必ず理由を挙げるようにするといいでしょう。

Wer zustimmt, hebt bitte die Hand.　賛成する人は手を上げてください。

Was du sagst, ist vollkommen richtig.　君の言うことは完全に正しい。

Können Sie uns bitte nochmals erklären, was Sie eben gesagt haben?
今言ったことをもう一度説明してくれますか？

Ich danke dir für alles, was du mir gerade erklärt hast!
君が私にちょうど今説明してくれたことすべてに感謝するよ。

Ich danke Ihnen für alles, was Sie für uns getan haben.
私たちにしてくださったことすべてに感謝します。

語彙を増やそう ［プレゼンテーションやディスカッション］

● プレゼンテーション

die Präsentation, -en プレゼンテーション、発表　das Thema, Themen テーマ

die Einleitung, -en 導入

Das Thema meiner Präsentation lautet/ist ...　私のプレゼンのテーマは…

Ich möchte heute folgendes Thema präsentieren: ...　私は本日、次のテーマについてプレゼンしたい…

der Aufbau, -bauten / die Struktur, -en 構成　der Teil, -e パート、部分

der Überblick, -e 概観

Meine Präsentation besteht aus drei Teilen: ...　私のプレゼンは3部からなっている…

Zuerst werde ich über ... sprechen, dann über ... und zuletzt über ...
最初に…について、それから…について、最後に…について話す

Ich möchte zunächst einen kurzen Überblick über ... geben.　まず…について簡単な概観を示したい。

der Übergang, -gänge 移行

Soweit der erste Teil. Nun komme ich zum zweiten Teil.
ここまでが第1部。次に第2部に進む。

Nun spreche ich über ...　ここからは…について話す

der Schluss, -Schlüsse 結論、終了　ab|schließen 締めくくる　zusammen|fassen 要約する

Ich komme jetzt langsam zum Schluss.　ここからそろそろ結びに入る。

Abschließend/Zusammenfassend kann man sagen, ...
締めくくりとして／要約すれば、次のように言える…

Ich bedanke mich für Ihre Aufmerksamkeit.　ご清聴に感謝する。

● ディスカッション

die Diskussion, -en ディスカッション、討論　die Debatte, -n 討議、議論

die Meinung, -en / die Ansicht, -en 意見、考え　der Standpunkt, -e 立場、観点、考え方

Meiner Meinung nach ...　私の考えによれば…

Ich bin der Meinung/Ansicht, dass ...　私は…という考えだ

Ich denke/meine/glaube/finde, dass ...　私は…と考える、思う

die Begründung, -en 根拠／理由づけ

Ich denke/meine/glaube/finde, dass ..., weil ...　私は…と考える。なぜなら…だから

Ich denke/meine/glaube/finde, dass ..., denn ...　私は…と考える。というのも…だから

die Zustimmung, -en 賛成、同意　für ...⁴ に賛成の

Ich bin dafür.　それに賛成だ。　Das stimmt. / Das ist richtig.　その通りだ。

Da haben Sie wirklich Recht.　本当にあなたのおっしゃる通りだ。

Da bin ich ganz Ihrer Meinung.　その点では、まったくあなたと同じ意見だ。

der Widerspruch 反論、異議　Ich bin dagegen. それに反対だ。

Das stimmt meiner Meinung nach nicht. / Das ist meiner Meinung nach nicht richtig.
それは私の考えによれば正しくない。

Da habe ich aber eine (etwas/ganz) andere Meinung, denn ...
それとは、しかしながら（いくらか/まったく）違う意見だ。というのも…

聞き取ってみよう ⬇ DL 62

Szene アンドレアスがWGの居間にいるみんなに話しかけています。

1. アンドレアスの買い物のお願いは？
   ☐ アンドレアスのため　　　　　　☐ アンドレアスとハナのため
   ☐ みんなのため

2. 次の中で買うものはどれ？（複数、すべてをチェック）
   ☐ キッチンペーパー　　　　　　　☐ トイレットペーパー
   ☐ 食器用洗剤　　　　　　　　　　☐ トイレ用洗剤
   ☐ 風呂用洗剤　　　　　　　　　　☐ 窓ガラス用洗剤

3. ご褒美は？
   ☐ ケーキ　　　　　☐ お花　　　　　☐ まだ内緒

（トランスクリプションと訳は135ページ）

表現してみよう

❶ 例にならい、不定関係代名詞 wer「~する人は~」の使い方を練習してみましょう。

DL 63

例） a) **Geburtstag haben** 誕生日を迎える

b) **eine Geburtstagsparty geben** 誕生日パーティーを開く

➡ 誕生日を迎える人が、誕生日パーティーを開く。（＊ドイツでは一般的）

Wer Geburtstag <u>hat</u>, gibt eine Geburtstagsparty.

1） a) **keinen Pass haben** パスポートを持っていない

b) **die Grenze nicht überschreiten können** 国境を越えることができない

➡ パスポートを持っていない人は、国境を越えることができない。

_____

2） a) **zuletzt lachen** 最後に笑う b) **am besten lachen** いちばんよく笑う

➡ 最後に笑う者が、いちばんよく笑う。（ことわざ）

❷ （2-1）不定関係代名詞 was の使い方を練習してみましょう。まずは先行詞（関係文によって説明される名詞）を取らない場合です。ヒントの語句を並べ替え、日本語に合うドイツ語の文を作ってください。

DL 64

例） Angelika が言ったことは、私の心を深く動かした。

[**was** / Angelika / hat / hat / tief / mich / gesagt / berührt / , / .]（文頭は大文字にして）

➡ **Was** Angelika gesagt <u>hat</u>, hat mich tief berührt.

1） 当時起こったことは、不可解なままだ。

[**was** / unerklärlich / hat / bleibt / ereignet / damals / sich / , / .]（文頭は大文字にして）

➡ _____

2） あの日経験したことを、私はけっして忘れることができない。

[**was** / ich / ich / Tag / vergessen / habe / diesem / kann / an / erlebt / nie / , / .]（文頭は大文字にして）

➡ _____

❷ （2-2）不定関係代名詞 was の使い方で、今度は先行詞を取る形の練習です。この場合の先行詞は、中性の代名詞（alles, etwas, nichts, vieles 等）あるいは中性名詞化された形容詞（特に最上級）を先行詞とすることが多いのでしたね。ヒントの語句を並べ替え、日本語に合うドイツ語の文を作ってください。

DL 65

例） 私は、彼が私に語ってくれたこと、すべてをすでに忘れてしまった。

[**was** / ich / er / mir / alles / habe / hat / vergessen / erzählt / schon / , / .]（文頭は大文字にして）

➡ **Ich** habe schon alles vergessen, **was** er mir erzählt hat.

1） この店には、私の気に入ったものが何もない。

[**was** / mir / es / nichts / Geschäft / gefällt / diesem / gibt / in / , / .]（文頭は大文字にして）

➡ _____

2） これは、私がこれまでに描いた最高のものだ。

[**was** / ich / gemalt / das / das / habe / bisher / Beste / ist / , / .]（文頭は大文字にして）

➡ _____

❸次の会話を音読しましょう。さらにヒントを参考にして日本語にしてみましょう。

Szene WGの仲間（◆）が何かを書いているところに、あなた（◇）がやってきます。

◇ Was machst du denn da?

◆ Ich schreibe ein Gedicht. Das ist das Beste, was ich bisher geschrieben habe.

◇ Interessant! Ist das dein Hobby?

◆ Ja, wer ein gutes Hobby hat, kann das Leben genießen, oder?

◇ Ja, da bin ich ganz deiner Meinung.

◆ Wollen wir dann zusammen Gedichte schreiben?

◇ Aber gern!

ヒント── das Gedicht, -e：詩　genießen：楽しむ　..., oder?：…でしょう？（付加疑問）
　　　　　Aber gern!：もちろん、喜んで！

DL 66

❹あなた（◇）が絵を描いているところに、ドイツ人の友人（◆）がやってきます。ヒントを参考に、ドイツ語の会話を完成させてください。

◆ Was machst du denn da?

◇ 富士山（の絵）（der Fuji）を描いている（malen）んだ。これは、これまでに（bisher）描いたなかで、もっともよいものさ。

◆ Toll! Ist das dein Hobby?

◇ そう、よい趣味を持ってる人は、人生を楽しむことができる、でしょ？

◆ Da hast du Recht.

◇ じゃあ、次の週末（am nächsten Wochenende）一緒に絵を描こうか？

◆ Eine prima Idee!

DL 67

解答例

❶1）Wer keinen Pass hat, kann die Grenze nicht überschreiten.
　2）Wer zuletzt lacht, lacht am besten.

❷（2-1）
　1）Was sich damals ereignet hat, bleibt unerklärlich.
　2）Was ich an diesem Tag erlebt habe, kann ich nie vergessen.

❷（2-2）
　1）In diesem Geschäft gibt es nichts, was mir gefällt.
　2）Das ist das Beste, was ich bisher gemalt habe.

❸ **シーン**
　◇ そこで何してるの？
　◆ 詩を書いてるの。これはこれまでに書いたなかで、もっともよいものよ。
　◇ 興味深いね！　それ、君の趣味なの？
　◆ そう、よい趣味を持ってる人は、人生を楽しむことができる、でしょ？
　◇ うん、それはまったく君と同意見だ。
　◆ じゃあ、一緒に詩を書きましょうか？
　◇ もちろん、喜んで！

❹◇ Ich male den Fuji. Das ist das Beste, was ich bisher gemalt habe.
　◇ Ja, wer ein gutes Hobby hat, kann das Leben genießen, oder?
　◇ Wollen wir dann am nächsten Wochenende zusammen malen?

Ein neuer Ess-Trend!?

Es gibt sehr viele Länder und Regionen, wo Insekten auf dem Speiseplan stehen. In Deutschland wächst zwar das Interesse an exotischen Speisen, aber man findet diese Insekten so gut wie nie in deutschen Restaurants oder in deutschen Supermärkten. Was eigentlich schade ist, denn die etwa 1900 essbaren Insektenarten sind reich an Proteinen, Vitaminen und Mineralstoffen. Einige Firmen in Deutschland zeigen aber, was man alles aus dieser gesunden Nahrungsquelle machen kann. Ein junges Start-up hat es sogar geschafft, leckeres Hundefutter aus Insekten zu produzieren. Die Insektenkost verursacht bei Haustieren sehr selten Futtermittelallergien, sie liefert so viel Energie wie Fisch, sie hat einen hohen Eiweißgehalt, und sie enthält wichtige Mikronährstoffe. Die Aufzucht ist auch umweltfreundlich, verursacht weniger CO_2-Ausstoß und verbraucht auch viel weniger Wasser als in der konventionellen Landwirtschaft. Wer seinem Vierbeiner Insekten-Kost serviert, tut was Gutes.

読みのヒント ── das Land, Länder：国　die Region, -en：地域　der Speiseplan：献立
wächst < wachsen：成長する　zwar ..., aber：確かに…であるが、しかし
exotisch：エキゾチックな　die Speise, -n：料理　so gut wie nie：滅多に　schade：残念な
essbar：食べられる　an ...³ reich sein：…に富んでいる　der Mineralstoff, -e：ミネラル分
A^4 aus B^3 machen：BからAを作る　vorteilhaft：有利な　die Nahrungsquelle：栄養源
das Start-up：スタートアップ企業　geschafft < schaffen：達成する　lecker：美味しい
das Hundefutter：ドッグフード　produzieren：生産する　verursachen：原因となる
die Futtermittelallergie：餌によるアレルギー　das Haustier：ペット　die Kost：食事
servieren：(食事を)出す　liefern：供給／提供する
so viel A wie B：Bと同じくらいAもたくさん　der Eiweißgehalt：タンパク質含有量
enthalten：含んでいる　der Mikronährstoff, -e：微量栄養素　die Aufzucht：飼育
umweltfreundlich：環境配慮型の　der CO_2-Ausstoß：二酸化炭素排出(量)
verbrauchen：消費する　konventionell：従来型の　die Landwirtschaft：農業
der Vierbeiner：四つ足の動物(特に犬)

訳例 ── 新しい食のトレンド!?
　昆虫が献立にのる国や地域はたくさんあります。ドイツでもエキゾチックな料理への関心が高まっていますが、レストランやスーパーマーケットで昆虫を見ることはほとんどありません。それは残念なことで、なぜなら約1,900種にもおよぶ食用昆虫は、タンパク質、ビタミン、ミネラルがとても豊富だからです。
　ドイツのいくつかの企業は、この健康上とても有用な栄養源から何ができるかを提案しています。あるスタートアップ企業は昆虫から美味しいドッグフードを作ることに成功しました。昆虫から作る餌は、ペットに飼料アレルギーを起こすことがほとんどないですし、魚と同じくらいのエネルギーを供給し、タンパク質含有量も多く、重要な微量栄養素も含んでいます。(昆虫の)飼育は環境にやさしく、CO_2排出量が少ないですし、従来型の農業よりも水の消費がはるかに少ないです。犬に昆虫の餌を与える人は、善い行いをしていることになるんですよ。

Bio-Siegel und Tierwohl

Wer schon mal in Deutschland oder in einem anderen EU-Land war, hat bestimmt das Bio-Siegel gesehen. 2001 wurde das deutsche Bio-Siegel eingeführt, und wird seitdem immer beliebter. Dank des Bio-Siegels erkennt man sofort, dass ein Produkt aus dem ökologischen Landbau stammt. Der hohe Anteil von Bioprodukten am Lebensmittelmarkt in Deutschland zeigt, wie gut Deutsche das Bio-Siegel kennen und wie sehr sie ihm vertrauen. Das Siegel garantiert nicht nur Mindeststandards beim ökologischen Landbau, sondern auch bei der Tierhaltung. In den Vorschriften des Bio-Siegels sind strenge Kriterien zum Thema Tierschutz festgelegt. Sie umfassen die Herkunft der Tiere, die verwendeten Futtermittel, die Krankheitsvorsorge und die tierärztliche Behandlung sowie Vorschriften zur Reinigung der Ställe. Es gibt in der Verordnung viele Details, die die Haltung und Unterbringung der Tiere angehen. Wer Produkte mit Bio-Siegel kauft, leistet einen wichtigen Beitrag für die eigene Gesundheit und das Wohl der Nutztiere. Daher kaufen immer mehr Leute Bio.

読みのヒント —— das Bio-Siegel：有機マーク　das Tierwohl：動物福祉
eingeführt < ein|führen：導入する　seitdem：それ以来
immer beliebter：人気がますます高まる（immer＋比較級：ますます…の）
dank …²：（2格支配の前置詞）…のおかげで　erkennen：見分ける　ökologisch：有機の
der Landbau：耕作　aus …³ stammen：…に由来する　der Anteil：割合
der Lebensmittelmarkt：食品市場　vertrauen：信頼する　garantieren：保証する
der Mindeststandard：最低基準　die Tierhaltung：畜産　die Vorschrift, -en：規定
das Kriterium, Kriterien：基準　der Tierschutz：動物保護　fest|legen：決定する
umfassen：包括する、含む　die Herkunft：血統　verwenden：使用する
das Futtermittel：飼料　die Krankheitsvorsorge：病気の予防　tierärztlich：獣医学的
die Behandlung：治療　die Reinigung：清掃　der Stall, Ställe：畜舎
die Verordnung：法令　die Haltung：（家畜の）飼育　die Unterbringung：収容、宿泊
an|gehen：関係する　für …⁴ Beitrag leisten：…に貢献する　die Gesundheit：健康
das Wohl：福祉、幸せ　das Nutztier, -e：家畜

訳例 —— 有機マークと動物福祉

ドイツやEU諸国に行ったことがある人なら誰でも、有機マークを見たことがあるでしょう。ドイツの有機マークは2001年に導入され、それ以来人気がどんどん高まっています。有機マークのおかげで、その製品が有機農法で作られていることがすぐにわかります。ドイツの食品市場においてオーガニック製品の割合が高いことは、ドイツ人が有機マークをどれだけ認知しているか、そして信頼しているかを表しています。このマークは有機農業だけでなく、畜産方法の最低基準も保証しています。有機マークの規定では、動物福祉に関する厳格な基準が定められています。その基準には、家畜の血統、与えられた飼料、病気の予防と獣医学的な治療、および厩舎の清掃に関する規制も含まれます。法令の中には家畜の飼育と厩舎の設備に関してたくさんの詳細な決まりがあります。有機マーク付きの製品を購入する人は、自分の健康だけではなく、家畜の福祉にも貢献をしているのです。そのためますます多くの人々がオーガニックを購入しています。

書いてみよう

自分の意見を表明するための１つのパターンを覚えましょう。

[意見を言う表現]

Ich bin der Meinung,　　dass ...　私は…という意見だ
Ich denke/finde/glaube, dass ...　私は…と考える

Ich denke, dass man mehr Gemüse essen sollte, um gesund zu bleiben.
健康でいるためにもっと野菜を食べたほうがよいと思います。

Ich bin der Meinung, dass Atomkraftwerke abgeschafft werden sollen.
原子力発電所は廃止されるべきだと思います。

Ich bin dafür/dagegen.　　　　　　　　賛成／反対です。
Da hast du Recht.　　　　　　　　　　その点では君の言うことは正しい。
In dem Punkt stimme ich dir zu.　　　　その点では君に賛成する。
In dem Punkt muss ich dir widersprechen.　その点では君に反論しないといけない。

[実践編]

「ラジオに未来はあるか」という問いに、自分なりに答えてみましょう。

DL 70

Das Thema: „Hat das Radio noch eine Zukunft?" finde ich sehr interessant. Ich bin der Meinung, dass das Radio auch jetzt eine große Rolle spielt. Ich denke so, weil erstens Radiosendungen bei Naturkatastrophen eine große Hilfe sein können. Zweitens finde ich, dass Moderatoren im Radio wesentlich ruhiger sprechen als im Fernsehen. Das wirkt sehr beruhigend. Also ist es wichtig, Radio weiterhin zu benutzen.

訳例：
「ラジオにはまだ未来があるか」というテーマを私はとても面白いと思います。私は、ラジオは今でも大きな役割を担っているという意見です。こう考えるのは、第一に、ラジオ放送が自然災害の際に大きな助けとなり得るからです。第二に、ラジオのアナウンサーがテレビよりもずっと穏やかに話すことです。それはとても気持ちを落ち着かせます。なので、ラジオをこれからも使うことは重要です。

表現：
interessant：興味深い　　bemerkenswert：注目に値する　　wichtig：重要な
wesentlich：本質的な　　überzeugend：説得力のある　　glaubhaft：もっともらしい

Im Unterricht wird diskutiert, ob die Zeitung noch eine Zukunft hat. Ihr Lehrer bittet Sie, Ihre Meinung vorzutragen. Nehmen Sie Stellung zum Thema und nennen Sie Gründe zu Ihrer Stellung.

DL 71

書き方の例：
よく主張（behaupten）されるのは、新聞には明るい未来がないということです。今ではインターネットが私たちの日常で大きな役割を果たして（eine große Rolle spielen）います。かくして新聞（各紙）は次第に売れ（verkaufen）なくなり、読まれ（lesen）なくなっています。にもかかわらず、新聞は将来においても重要であり続ける（wichtig bleiben）と私は考えています（der Meinung sein）。そう考えるのは、新聞はひとつのテーマを集中的に取り上げる（sich mit einem Thema intensiv befassen）ことができるからです。インターネットのニュースは細かく刻まれたように見え（scheinen）ます。それに対して（dagegen）新聞は、長い期間をかけてひとつのテーマを扱い（behandeln）、その背景をより明らかにする（die Hintergründe besser erhellen）ことができます。

Es wird oft _____, dass die Zeitung keine rosige Zukunft hat. Jetzt _____ das Internet in unserem Alltag _____ _____ _____.

So werden Zeitungen immer weniger _____ und _____. _____

bin _____ _____ _____, dass die Zeitung auch in Zukunft

_____ _____. Ich _____ so, _____ man sich dort mit

_____ _____ _____ _____ kann. Nachrichten im Internet

_____ wie klein geschnitten. _____ kann die Zeitung langfristig

ein Thema _____ und _____.

問題文訳例：
授業で、新聞にはまだ未来があるかということが議論されています。先生はあなたに自身の意見を発表するようにお願いしています。このテーマについて自分の立場を取り、その立場を取る理由を挙げてください。

解答例：
Es wird oft behauptet, dass die Zeitung keine rosige Zukunft hat. Jetzt spielt das Internet in unserem Alltag eine große Rolle. So werden Zeitungen immer weniger verkauft und gelesen. Trotzdem bin ich der Meinung, dass die Zeitung auch in Zukunft wichtig bleibt. Ich denke so, weil man sich dort mit einem Thema intensiv befassen kann. Nachrichten im Internet scheinen wie klein geschnitten. Dagegen kann die Zeitung langfristig ein Thema behandeln und die Hintergründe besser erhellen.

G　ドイツ語の仕組み　▶不定関係代名詞 wer, was

　関係代名詞には、定関係代名詞と不定関係代名詞の2種類があります。定関係代名詞についてはすでにみなさんご存知ですが、このユニットで学ぶのは不定関係代名詞の方です。

　不定関係代名詞には、不特定の「（〜する）人」を表現する wer、不特定の「（〜する）もの／こと」を表現する was の2つがあります。これら不定関係代名詞に続く文も関係文（つまり、従属文／副文）となり、定形は文末に置かれ、関係文全体が1つの名詞としての役割を持ちます。

　また、wer も was も、ともに関係文中での働きに応じて格変化しますが、B1 のレベルでは1格と4格が使えるようになれば十分です。格変化と言っても、難しくはありません。下記の通り w→d と置き換えてみれば、どちらも定冠詞の格変化に対応していることがわかりますね。

> 1格　wer（◀ der）　　was（◀ das）
> 4格　wen（◀ den）　　was（◀ das）

1．wer
①使い方
　まずは、このユニットに出てきた文例を用いて、wer の使い方を確認してみましょう。

> 「（〜する）人」を表現する不定関係代名詞 wer, lachen の主語で1格、
> 定形 lacht（主語 wer は3人称単数扱いとなる）は文末

Wer zuletzt lacht, lacht am besten.　　最後に笑う者が、いちばんよく笑う。（ことわざ）

> 波線部 Wer zuletzt lacht が文全体の主語
> したがって、主文の定形 lacht は文全体の中で2番目の位置にある

＊この例文のように、不定関係代名詞は、ことわざや決まった言い回しなどでよく使われます。

②関係文を受け，主文中での役割を明示する指示代名詞
　では、次の例文はいかがでしょうか？

> 「（〜する）人」を表現する不定関係代名詞 wer, sagen の主語で1格、
> 定形 sagt（主語 wer は3人称単数扱いとなる）は文末

Wer so etwas sagt, | dem | hilft niemand.　　そんなことを言う人を、助ける人はだれもいない。

> 波線部 Wer so etwas sagt を受け、この部分が全体として
> 主文中で3格であることを明示する指示代名詞
> この3格は、j³ helfen「〜を助ける」の3格

2．was

不特定の「（〜する）もの／こと」を表現するwasには、先行詞をとらない使い
方と、先行詞をとる使い方があります。

①先行詞をとらない使い方

「もっと知りたいドイツ語表現」から例文をとってみましょう。

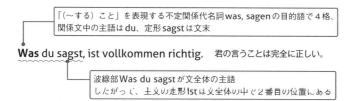

Was du sagst, ist vollkommen richtig.　　君の言うことは完全に正しい。

②先行詞をとる使い方

wasに導かれる関係文の先行詞となるのは、中性の不定代名詞etwas, nichts,
allesや、中性で名詞化された形容詞（多くの場合、最上級）などです。「もっと知
りたいドイツ語表現」、「表現してみよう」から例文をとってみましょう。

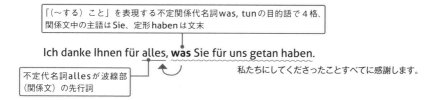

Ich danke Ihnen für alles, **was** Sie für uns getan haben.

　　　　　　　　　　　　　私たちにしてくださったことすべてに感謝します。

不定代名詞allesが波線部
（関係文）の先行詞

「（〜する）もの」を表現する不定関係代名詞was, malenの目的語で４格、
関係文中の主語はich、定形habeは文末

Das ist das Beste, **was** ich bisher gemalt habe.

　　　　　　　　　　　　これは、私がこれまでに描いた最高のものだ。

gutの最上級bestを中性で名詞化したdas Besteが
波線部（関係文）の先行詞

*形容詞の名詞化については、次のUnit 7で詳しく説明します。

Dort waren viele Erwachsene.

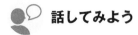 **話してみよう**

⤓ DL 72

DIALOG Museumsbesuch zu dritt (1)

ハナたちはチョコレート博物館にも行きます。

Hana: Andreas, nachdem ich dich durch Ostasien geführt habe, muss ich dir gestehen, dass mir ein ganz anderes Museum in Köln besser gefällt, nämlich das Schokoladenmuseum!

Andreas: Das?! Das ist doch eher für Kinder!

Hana: Nein, Andreas, ich fand es cool – obwohl ich mich durchaus erwachsen fühle. Und dort waren viele Erwachsene, es kostet ja auch 12,50 Euro, das ist nicht so billig.

Andreas: Für Kinder 7,50 und für kleine unter 6 ist es sogar umsonst – sagt mein Smartphone.

Hana: Und unten im Erdgeschoss ist ein Schokoladenbrunnen, die Geschichte ist oben im ersten Stock – oder im zweiten, das weiß ich nicht mehr. Die fand ich wahnsinnig interessant!

Andreas: Die kann man auch in klugen Büchern lesen, da muss ich nicht extra in ein Museum gehen!

Hanas Kollegin: Aber man kann doch auch verschiedene Herstellungsschritte sehen und vor allem probieren! Mögen Sie etwa keine Schokolade?

Andreas: Die, die dort im Brunnen angeboten wird, finde ich nicht so lecker.

Hana: Es gibt doch außerdem fast alle Sorten! Es gibt braune, weiße, ganz dunkle, welche mit Sahne, mit Früchten, mit Pfeffer, alles was man sich vorstellen kann!

 **もっと知りたいドイツ語表現**

⤓ DL 73

● 形容詞と名詞

まずしっかり覚えたいのは、**複数 1、4 格で冠詞がない場合には語尾が -e** となること

Es gibt braune, weiße, ganz dunkle Schokoladen.
茶、白、とても濃い色のチョコレートがある。

Da sind viele interessante Exponate. そこにはたくさんの興味深い展示物がある。

次に覚えたいのは、**どんな種類でも冠詞がある場合の複数と単数 2、3 格の語尾は -en** であること

Die Geschichte ist oben im ersten Stock – oder im zweiten.
歴史は上の 2 階 —— あるいは 3 階だ。

訳 ── 3人での博物館訪問（1）

ハナ： アンドレアス、あなたを東アジアに案内した後で、正直に言うと、ケルンの
まったく違う博物館が私は気に入っているの。それはチョコレート博物館！

アンドレアス： あの?! あれはだけど子ども向けだよ！

ハナ： そうじゃない、アンドレアス、私自身大人だと思っているけども、とてもい
いと思う。大人もたくさん来ていたし、値段も12.50ユーロで、安くはない
けど。

アンドレアス： 子どもは7.50ユーロで、6歳未満の小さな子は無料でもあるんだね。そう
スマホが言っている。

ハナ： そして下の一階にはチョコレートの泉があって、歴史は上の2階 ── ある
いは3階で、もう覚えていない。歴史はとても面白いと思った！

アンドレアス： それならちゃんとした本で読めるさ、わざわざ博物館に行かなくてもね。

ハナの同僚： それでも、さまざまな製造段階を見ることができるし、なんといっても試食
できるんですよ。チョコレートは好きではないのですか？

アンドレアス： 泉で提供しているチョコは、そんなに美味しいとは思わないな。

ハナ： それに、ほとんどすべての種類がある！ 茶、白、とても濃い色、生クリー
ム入り、果実入り、胡椒入り、思いつく限りのすべてね！

語句 ── nachdem：〜した後で　führen：案内する　gestehen：告白する　nämlich：すなわち
eher：むしろ　cool：すごい、すばらしい　durchaus：すっかり　erwachsen：成人した
sich⁴ ... fühlen：（自らを）…と感じる　Erwachsene[形容詞の名詞化]：大人たち〔複数1格〕
kleine [Kinder]：小さな子どもたち　unter ...³：…未満の　sogar：それどころか
umsonst：無料の　unten：下に　das Erdgeschoss：地上階（日本式の1階）
der Brunnen：泉　die Geschichte：歴史　oben：上に　der erste Stock：第1上乗
せ階（日本式の2階）　zweit：第2の　wahnsinnig：とても〔もとは「狂気の」〕
extra：わざわざ　verschieden：異なった　der Herstellungsschritt, -e：製造段階
〔die Herstellung：製造　der Schritt：歩み〕　probieren：試食する　mögen：[本動
詞として] 好きだ　angeboten < an|bieten：提供する　die Sorte, -n：種類
braune [Schokoladen] < braun：茶色の　dunkel：暗い（色の）
welche = Schokoladen〔不定代名詞(einerなど)の複数形〕　die Sahne：生クリーム
die Frucht, Früchte：果実　Pfeffer：胡椒　sich³ ...⁴ vorstellen：想像する、思い浮かべる

● 形容詞の名詞化（複数1格）

Dort waren viele **Erwachsene.**　大人たち　　　Die Erwachsenen **waren nett.**
そこにはたくさんの〜がいた。　　　　　　　　　　　　　　　　その〜は感じがよかった。

Jugendliche　青年たち　　　Die Jugendlichen
Studierende　学生たち　　　Die Studierenden
Behinderte　障がいを持つ人たち　Die Behinderten

語彙を増やそう ［食べ物・飲み物］

● スイーツ／菓子／ケーキ等

pl. Süßigkeiten / Süßwaren スイーツ　die Schokolade, -n チョコレート

die Praline, -n プラリーヌ（ナッツ、リキュール、クリームなどをチョコレートで包んだ菓子）

der/das Bonbon, -s キャンディ　das Eis アイスクリーム　der/das Kaugummi, -s ガム

das Gebäck 焼き菓子　der/das Keks, -e クッキー、ビスケット　der Kuchen, − ケーキ

die Torte, -n タルト、トルテ

● パン

das Brot, -e パン　das Brötchen, − ブレートヒェン（丸い小型のパン）

die Brezel, -n ブレーツェル（8の字形のパン）　das Hörnchen, − クロワッサン

● 乳製品

die Milch ミルク　die Butter バター　der Käse チーズ　der/das/die Joghurt ヨーグルト

der Quark カード（チーズの原料）、擬乳　die Sahne 生クリーム

● 肉

das Fleisch 肉　das Rindfleisch 牛肉　das Kalbfleisch 仔牛肉

das Schweinefleisch 豚肉　das Hühnerfleisch 鶏肉　das Hackfleisch 挽肉

der Schinken, − ハム　die Wurst, Würste ソーセージ

● 魚

der Fisch, -e 魚　der Lachs, -e サケ　der Hering, -e ニシン　die Sardine, -n イワシ

der Thunfisch, -e マグロ　die Forelle, -n マス

● 野菜

das Gemüse, − 野菜　die Kartoffel, -n ジャガイモ　die Zwiebel, -n タマネギ

die Karotte, -n / die Möhre, -n ニンジン　der Rettich, -e ダイコン　die Tomate, -n トマト

die Gurke, -n キュウリ　der Kohl, -e キャベツ　der Kopfsalat, -e レタス

der Spinat ホウレンソウ　der Spargel, -n アスパラガス　die Paprika, -(s) パプリカ、ピーマン

der Kürbis, -bisse カボチャ　der Knoblauch ニンニク　die Bohne, -n マメ

der Pilz, -e キノコ　die Petersilie, -n パセリ

● 果物

das Obst / die Frucht, Früchte 果物　der Apfel, Äpfel リンゴ　die Banane, -n バナナ

die Orange, -n オレンジ　die Mandarine, -n ミカン　die Traube, -n ブドウ

die Erdbeere, -n イチゴ　die Himbeere, -n ラズベリー　die Ananas, −(-nasse) パイナップル　die Birne, -n 洋ナシ　die Kirsche, -n サクランボ　die Melone, -n メロン

● 飲み物

das Getränk, -e 飲み物　das Wasser 水

das Mineralwasser (mit/ohne Kohlensäure/Gas) ミネラルウォーター（炭酸入り／なし）

der Kaffee コーヒー　der Tee 紅茶　grüner Tee 緑茶　der Kräutertee ハーブティー

der Kakao ココア　der Saft ジュース　die Limonade レモネード　das/die Cola コーラ

das Bier ビール　der Wein ワイン　der Sekt スパークリングワイン

der Schnaps シュナップス、焼酎

Szene ハナの家族が日本から来て、一緒に博物館に行き、入口で料金を確認しています。

1．大人の入場券1枚の値段は？

☐ 14ユーロ   ☐ 20ユーロ   ☐ 40ユーロ

2．学生や青少年の入場券1枚の値段は？

☐ 4ユーロ   ☐ 7ユーロ   ☐ 8ユーロ

3．入場券合わせての値段は？

☐ 6.30ユーロ   ☐ 36ユーロ   ☐ 63ユーロ

（トランスクリプションと訳は136ページ）

表現してみよう

❶「（冠詞なし）形容詞＋複数名詞」の練習をしてみましょう。このパターンの場合、複数名詞が1格、4格なら、形容詞に付く語尾は -e になるのでしたね。

DL 75

例）◇ Ich möchte bitte ein bügelfreies Hemd.　ノーアイロンのワイシャツ(中性単数4格)がほしいのですが。

◆ Bügelfreie Hemden gibt es in der 2. (zweiten) Etage.
ノーアイロンのワイシャツ（複数4格）は2（日本でいう3）階にございます。

1）◇ Ich suche ein rundes Tischtuch.　丸いテーブルクロス(中性単数4格)を探しています。

◆ Rund＿ Tischtücher gibt es in der 1. (ersten) Etage.
丸いテーブルクロス（複数4格）は1（日本でいう2）階にございます。

2）◇ Ich hätte gern eine wasserdichte Armbanduhr.　防水の腕時計(女性単数4格)がほしいのですが。

◆ Wasserdicht＿ Armbanduhren gibt es im Erdgeschoss.
防水の腕時計（複数4格）は地上（日本でいう1）階にございます。

❷「冠詞（類）＋形容詞＋名詞」の練習をしてみましょう。このパターンの場合、形容詞は、単数名詞の2格、3格（男性名詞は4格も）および複数名詞はすべての格で、-en という語尾をとるのでした。

DL 76

例）◇ Wo finde ich die Abteilung für Herrenmode?　紳士服売り場はどこですか？

◆ Sie ist in der zweiten (2.) Etage.　2（日本でいう3）階にございます。
＊in＋定冠詞＋序数＋女性名詞3格なので、形容詞としての序数 zweit に -en という語尾が付く。

1）◇ Wo finde ich die Abteilung für Haushaltswaren?　家庭用品売り場はどこですか？

◆ Sie ist im erst＿ (1.) Stock.　1（日本でいう2）階にございます。
＊im（＝in＋dem の融合形）＋序数＝形容詞＋男性名詞3格という点に注意すると？

2）◇ Womit fährst du nach Hokkaido?　何を使って北海道へ行くの？

◆ Mit meinem neu＿ Auto fahre ich dorthin.　僕の新しい車でそこへ行くんだ。
＊mit＋所有冠詞＋形容詞＋中性名詞3格という点に注意すると？

3）◇ Wann haben Sie Geburtstag?　誕生日はいつですか（いつ誕生日を持ちます）？

◆ Ich habe am vierundzwanzigst＿ (24.) Dezember Geburtstag.　12月24日です。
＊am（＝an＋dem の融合形）＋序数＝形容詞＋男性名詞3格 Tag（省略されている）と考えると？

❸形容詞（現在分詞や過去分詞も含む）が名詞化されたもののうち、よく使われる複数形の練習をしてみましょう。　複数形では、無冠詞で1格、4格の場合は -e、冠詞（類）を伴う場合は、すべての格で -en という語尾が付きます。

DL 77

例）◇ Da drüben gibt es viele Leute. Sind sie Studierende?　あそこにたくさん人がいるね。大学生かな？

◆ Ja, die Studierenden kommen aus Polen.　うん、あの大学生たちはポーランドから来たんだ。

1）◇ Vor der Information gibt es viele Leute. Sind sie Reisende?
インフォメーションの前にたくさん人がいるね。旅行者かな？

◆ Ja, die Reisend＿ warten auf den Bus.　うん、あの旅行者たちはバスを待っているんだ。

2）◇ Vor dem Arbeitsamt gibt es viele Leute. Sind sie Arbeitslose?
ハローワークの前にたくさん人がいるね。失業した人たちかな？

◆ Ja, die Arbeitslos＿ suchen einen Arbeitsplatz.
うん、あの失業者たちは職を探しているんだ。

❹次の会話を音読しましょう。さらにヒントを参考にして日本語にしてみましょう。

Szene あなた（◇）が客として、デパートの店員（◆）と話しています。

◇ Entschuldigung, ich möchte bitte ein leichtes Bügeleisen.

◆ Leichte Bügeleisen gibt es in der 3. (dritten) Etage.

DL 78

＊ ＊ ＊ ＊ ＊

◆ Wie finden Sie das leichte Bügeleisen hier? Das ist für Reisende besonders praktisch.

◇ Das gefällt mir sehr gut. Das nehme ich.

◆ Danke schön!

ヒント —— leicht：軽い　das Bügeleisen, –：アイロン　besonders：とりわけ
praktisch：実用的

❺こんどはあなた（◆）がデパートの店員として、客（◇）の対応をしています。ヒントを参考に、ドイツ語の会話を完成させてください。

◇ Entschuldigen Sie bitte. Ich suche einen großen Koffer .

◆ 大型のスーツケース（無冠詞の複数形で）でしたら、1（日本でいう2）階（die Etage）にございます。

DL 79

＊ ＊ ＊ ＊ ＊

◆ ここにある大型のスーツケースはいかがでしょうか（finden）。これは旅行者にはとりわけ実用的です。

◇ Ich finde ihn ausgezeichnet. Den nehme ich.

◆ ありがとうございます！

ヒント —— der Koffer, –：スーツケース　ausgezeichnet：すばらしい

解答例

❶1) Runde Tischtücher gibt es in der 1.(ersten) Etage.
2) Wasserdichte Armbanduhren gibt es im Erdgeschoss.
❷1) Sie ist im ersten (1.) Stock.　2) Mit meinem neuen Auto fahre ich dorthin.
3) Ich habe am vierundzwanzigsten (24.) Dezember Geburtstag.
❸1) Ja, die Reisenden warten auf den Bus.　2) Ja, die Arbeitslosen suchen einen Arbeitsplatz.
❹ **シーン**
◇ すみません、軽量のアイロンがほしいのですが。
◆ 軽量のアイロンでしたら、3（日本でいう4）階にございます。
　　＊ ＊ ＊ ＊ ＊
◆ ここにある軽量のアイロンはいかがでしょう。これは旅行者にはとりわけ実用的です。
◇ とても気に入りました。これをいただきます。
◆ ありがとうございます！
❺◆ Große Koffer gibt es in der 1. (ersten) Etage.
　　＊ ＊ ＊ ＊ ＊
◆ Wie finden Sie den großen Koffer hier? Der ist für Reisende besonders praktisch.
◆ Vielen Dank! / Danke schön!

 **読んでみよう**

 ⬇ DL 80

Kitasato Shibasaburo

Kitasato Shibasaburo war ein berühmter japanischer Arzt und Bakteriologe. Er wurde 1853 in Kumamoto geboren. Im Jahr 1886 nahm er seine Forschung im Labor von Robert Koch in Berlin auf. Robert Koch war auch ein sehr berühmter, bedeutender Mediziner, der 1905 den Nobelpreis für Physiologie oder Medizin bekam. Das Robert Koch-Institut, das seinen Namen trägt, ist die wichtigste Einrichtung für Krankheitsprävention und medizinische Forschung in Deutschland.

Shibasaburos Aufenthalt in Berlin war sehr erfolgreich, er wurde weltbekannt vor allem durch seine Forschung an Diphtherie und Tetanus zusammen mit Emil von Behring, der 1901 den ersten Nobelpreis für Physiologie oder Medizin erhielt.

Nach seiner Rückkehr nach Japan beschäftigte er sich mit der Prävention von Epidemien und mit der Bakterienforschung. Er entdeckte das Bakterium der Pest und leistete damit einen großen Beitrag zum Bekämpfen der Pestpandemie. Er war am Aufbau von medizinischen Fakultäten und Forschungsinstituten in diesem Bereich beteiligt. Seine Leistungen sind hochgeschätzt und sein Bild ist auf dem neuen 1000-Yen-Geldschein zu sehen.

読みのヒント ── berühmt：有名な　der Bakteriologe：細菌学者
nahm ... auf < auf｜nehmen：(仕事などを)始める　die Forschung：研究
bedeutend：重要な　der Nobelpreis für Physiologie oder Medizin：ノーベル生理学・医学賞　die Einrichtung：施設　die Krankheitsprävention：疾病予防
der Aufenthalt：滞在　erfolgreich：成功した　weltbekannt：世界有数の
die Diphtherie：ジフテリア　der Tetanus：破傷風　erhielt < erhalten：得る
die Rückkehr：帰還　sich⁴ mit ...³ beschäftigen：…に取り組む　die Epidemie：伝染病
das Bakterium：バクテリア　die Pest：ペスト　Beitrag zu ...³ leisten：…に貢献する
das Bekämpfen：撲滅　die Pandemie：病の流行　der Aufbau：設立、建設
die Fakultät：学部　der Bereich：分野　an ...³ beteiligen：…に携わる
die Leistung：成果、功績　hochgeschätzt < hoch｜schätzen：高く評価する
zu 不定詞＋sein：〜されうる

訳例 ── 北里柴三郎
北里柴三郎は日本の有名な医師であり細菌学者でした。彼は1853年に熊本で生まれ、1886年にベルリンのロベルト・コッホの研究室で研究を始めました。ロベルト・コッホも1905年にノーベル生理学・医学賞を受賞した、とても有名で重要な医師でした。彼の名を冠したロベルト・コッホ研究所は、ドイツの疾病予防と医学研究において最も重要な機関です。
柴三郎のベルリンでの滞在は非常に実り多きものでした。特に1901年に最初のノーベル生理学・医学賞を受賞したエミール・フォン・ベーリングとともに行ったジフテリアと破傷風の研究で、北里は世界的に有名になりました。
帰国後は伝染病の予防と細菌研究に取り組みました。彼はペストの細菌を発見し、ペストの撲滅に多大な貢献をしました。彼はこの分野の医学部や研究機関の設立に携わりました。北里の業績は高く評価され、彼の肖像は新しい千円紙幣で見ることができます。

„Bier ist Menschenwerk, Wein ist aber von Gott" – Martin Luther
Die Weinkultur hat in Deutschland eine lange Tradition und einen festen Platz in der Gesellschaft. Es gibt viele Bräuche und Feste rund um das Thema „Wein", und sogar auch einige Redewendungen, wie zum Beispiel „reinen Wein einschenken" oder „im Wein liegt die Wahrheit".
Es gibt ein Gesetz, das die Qualität der deutschen Weine bestimmt, nämlich das Weinrecht. Das deutsche Weinrecht wurde 2020 nach über 50 Jahren reformiert. Früher war in Deutschland der Zuckergehalt maßgeblich für die Qualität eines Weines. Je höher der Zuckergehalt, desto höher war die Qualität. Nach der Reform des Weingesetzes spielt die Herkunft des Weines heutzutage eine wichtigere Rolle.
Ob Weißwein, Rotwein, Roséwein oder Sekt: der deutsche Rebensaft ist weltweit bekannt und sehr schmackhaft. Viele Touristen machen eine Weinprobe direkt bei den Winzern entlang den zahlreichen Weinstraßen in Deutschland. Zum Wohl!

読みのヒント ── das Menschenwerk：人間の創造物　die Weinkultur：ワイン文化
fest：確固たる　der Platz：場所　die Gesellschaft：社会　der Brauch, Bräuche：慣習
das Fest, -e：祭り　rund um ...⁴：…をめぐって　die Redewendung, -en：慣用句
das Gesetz：法律　bestimmen：定める　reformieren：改革する
der Zuckergehalt：糖度　maßgeblich：決定的な　je＋A比較級, desto＋B比較級：Aで
あればあるほど、ますますB　die Herkunft：産地　heutzutage：今日
eine Rolle spielen：役割を果たす　der Sekt：スパークリングワイン
der Rebensaft：ぶどう酒　weltweit：世界的に　schmackhaft：味わい深い
die Weinprobe：ワインテイスティング　der Winzer, –：ワイン醸造者
entlang ...³：…に沿って　zahlreich：数多くの　die Weinstraße, -n：ワイン街道

訳例 ──「ビールは人間の創造物、ワインは神によるもの」マルティン・ルター
ドイツのワイン文化は長い伝統があり、社会の中で確固たる地位を築いています。「ワイン」にまつわる習慣やお祭りはたくさんあり、さらには「本当のことを言う(純粋なワインを注ぐ)」や「ワインの中に真実はある」などの慣用句もあります。
ドイツワインの品質を決定する法律、いわゆるワイン法があります。ドイツのワイン法は50年以上の歳月を経て2020年に改正されました。以前ドイツでは、糖度がワインの品質にとって決定的なものでした。糖度が高いほど、品質は高くなりました。ワイン法の改正後、ワインの産地がより重要な役割を果たすようになっています。
白ワイン、赤ワイン、ロゼワイン、スパークリングワイン、いずれであってもドイツのぶどう酒は世界的に知られており、とても味わい深いです。多くの観光客がドイツのワイン街道沿いのワイナリーでワインの試飲をしています。
乾杯！

書いてみよう

風景や建物（の写真や絵）を描写する表現をチェックしましょう。

[前後中を言う表現]

im Vordergrund	前には
im Hintergrund steht/liegt/ist ...	後ろには…があります
in der Mitte	中央には

Auf dem Foto sieht man einen Park. Im Vordergrund ist ein kleiner Teich.
写真には公園が写っています。前には小さな池があります。

In der Mitte ist eine große Wiese, auf der viele Menschen spielen oder liegen.
中央には大きな草原があり、多くの人が遊んだり、寝そべっています。

Im Hintergrund sieht man viele Hochhäuser.
後ろにはたくさんの高層ビルが見えます。

[建物の中]

im Erdgeschoss	1 階には
im ersten/zweiten/dritten **Stock**	（日本式）2／3／4階には
= **in der** ersten/zweiten/dritten **Etage***	
im Keller / im Untergeschoss**	地下には

* 発音はフランス語風に Etage［エタージェ］
** Keller は主に一般の家で、Untergeschoss はビルなどで

[実践編]

右の絵を見て、その様子を描写してみましょう。まずは、全体が何を表しているのかをまとめてから、細部に入りましょう。

DL 82

Das Bild stellt eine Schule dar. Im Hintergrund steht das Schulgebäude. In der Mitte des Gebäudes befindet sich ein Turm, an dem eine Uhr angebracht ist. Es ist 13:00 Uhr. Im Vordergrund ist ein großes Schulgelände, auf dem jetzt wohl in der Mittagspause viele Schüler spielen.

訳例：
その絵は学校を描いています。背景には学校の建物が建っています。建物の中央には塔があり、時計がついています。13時になりました。前景には大きな校庭があり、今はたぶん昼休みで生徒たちがおおぜい遊んでいます。

［練習］ 前のページを参考にしつつ，提示された語句を使いながら、今度は自分でチャレンジしてみましょう。

DL 83

> Hier sehen Sie ein Bild. Beschreiben Sie es! Schreiben Sie zuerst, was das Ganze darstellt. Danach beschreiben Sie Einzelheiten.

書き方の例：
その絵は海辺の美しい家を描いて（darstellen）います。背景には（im Hintergrund）大きな海が見えます。前景の左側には（links im Vordergrund）芝生があり、そこでは子どもたちが遊んでいます。右側には（auf der rechten Seite）駐車場があり、車が2台あります。そして中央には（in der Mitte）大きなガラス窓がメインの家が建っています。

Das Bild _____ ein schönes Haus am Meer _____ . _____

_____ sieht man ein großes Meer. _____ _____ _____

ist eine Wiese, auf der Kinder spielen. _____ _____ _____

_____ ist ein Parkplatz, auf dem zwei Autos stehen. Und _____

_____ _____ steht ein Haus mit vielen großen Glasfenstern.

問題文訳例：
ここに絵があります。これを描写してください。最初に全体が何を表しているかを書いてください。その後で個々の部分を記述してください。

解答例：
Das Bild stellt ein schönes Haus am Meer dar. Im Hintergrund sieht man ein großes Meer. Links im Vordergrund ist eine Wiese, auf der Kinder spielen. Auf der rechten Seite ist ein Parkplatz, auf dem zwei Autos stehen. Und in der Mitte steht ein Haus mit vielen großen Glasfenstern.

G　ドイツ語の仕組み　▶形容詞と名詞（まとめ）、形容詞の名詞化

1．形容詞と名詞（まとめ）

　形容詞が名詞を修飾する使い方を「付加語的用法」と言い、この用法では形容詞に語尾がつきます。これまでのスキットや「もっと知りたいドイツ語表現」から、具体例をいくつか集めてみましょう。

mein型冠詞類＋形容詞＋中性名詞・単数・3格：形容詞neuの語尾 -en

Wie war denn deine erste Präsentation bei deinem neuen Praktikum?

新しいインターン先での最初のプレゼンはどうだった？

mein型冠詞類＋形容詞＋女性名詞・単数・1格：形容詞erstの語尾 -e

Das ist eine gute Idee, Hana!　それはいい考えだね、ハナ！

不定冠詞＋形容詞＋女性名詞・単数・1格：形容詞gutの語尾 -e

Man kann verschiedene Herstellungsschritte sehen.　さまざまな製造段階を見ることができる。

形容詞＋複数名詞・4格：形容詞verschiedenの語尾 -e

　語尾は、後にくる名詞の性・数・格だけでなく、形容詞の前の状況（冠詞類があるかないか、どのような冠詞類があるのか）に応じても変わります。考え得る形容詞の語尾を一覧表でまとめましょう。

	男性	中性	女性	複数
①形容詞＋名詞				
1格（Nominativ）	-er	-es	-e	**-e**
4格（Akkusativ）	-en	-es	-e	**-e**
3格（Dativ）	-em	-em	-er	-en
2格（Genitiv）	-en	-en	-er	-er
②定冠詞／dieser型冠詞類＋形容詞＋名詞				
1格（Nominativ）	-e	-e	-e	**-en**
4格（Akkusativ）	-en	-e	-e	**-en**
3格（Dativ）	**-en**	**-en**	**-en**	**-en**
2格（Genitiv）	**-en**	**-en**	**-en**	**-en**
③不定冠詞／mein型冠詞類＋形容詞＋名詞				
1格（Nominativ）	-er	-es	-e	**-en**
4格（Akkusativ）	-en	-es	-e	**-en**
3格（Dativ）	**-en**	**-en**	**-en**	**-en**
2格（Genitiv）	**-en**	**-en**	**-en**	**-en**

　上の一覧表の、太字になっている部分を見てください。このユニットの「もっと知りたいドイツ語表現」で学んだように、「複数1、4格で冠詞がない場合には語尾が -e」、「どんな種類でも冠詞がある場合の複数と単数2、3格の語尾は -en」

になっていますね。それ以外の語尾については、表を眺めつつ、みなさんなりの
やり方でゆっくり身につければいいでしょう。例えば、冠詞類が一切ない①のパ
ターンでは、形容詞の語尾はほとんど定冠詞の語尾に近い…などといった具合に。

2．形容詞の名詞化

　形容詞を名詞化して、「（その形容詞によって示される性質、特徴、状態）の人／
もの」を表現できます。「人」の場合、単数なら「男性」か「女性」、複数であれば
「人々」を表現し、「もの」の場合はつねに中性で単数です。

①「～の人（男性／女性／人々）」の場合

　まずは、スキットに出てきたErwachsene「大人たち」という表現が、形容詞
erwachsen「成人した、大人の」からどのように生まれたのか、そして、どのよ
うに格変化するのかをまとめてみましょう。

「成人した、大人の」人々	→ 名詞を削除、erwachsenのeを大文字に	→ 名詞化の完成
1格 erwachsene Leute	→ e→Erwachsene ~~Leute~~	→ **Erwachsene**
4格 erwachsene Leute	→ e→Ewachsene ~~Leute~~	→ **Erwachsene**
3格 erwachsenen Leuten	→ e→Ewachsenen ~~Leuten~~	→ **Erwachsenen**
2格 erwachsener Leute	→ e→Ewachsener ~~Leute~~	→ **Erwachsener**

　みなさんは、上の表の右側、つまり、名詞化された形容詞を見たときに、表の
左にある形容詞つき名詞の格変化を頭の中で想像できればOKです。
　「ドイツ人男性」が定冠詞つきでder Deutsche、不定冠詞つきでein Deutscher、
「ドイツ人女性」が定冠詞つきでdie Deutsche、不定冠詞つきでeine Deutscheと
なるのも、これらの表現がやはり形容詞を名詞化したものだからなのです。

「ドイツの」男性（不定冠詞つき）	「ドイツの」女性（定冠詞つき）
1格 **ein** ~~d~~→**Deutscher** ~~Mann~~	**die** ~~d~~→**Deutsche** ~~Frau~~
4格 **einen** ~~d~~→**Deutschen** ~~Mann~~	**die** ~~d~~→**Deutsche** ~~Frau~~
3格 **einem** ~~d~~→**Deutschen** ~~Mann~~	**der** ~~d~~→**Deutschen** ~~Frau~~
2格 **eines** ~~d~~→**Deutschen** ~~Mann(e)s~~	**der** ~~d~~→**Deutschen** ~~Frau~~

　つまり、名詞化された形容詞について理解するには、「～の男性」ならMann、「～
の女性」ならFrau、「～の人々」ならLeuteを補って、もとの「形容詞＋名詞」あ
るいは「冠詞類＋形容詞＋名詞」の形を想像することが大切なのです。

②「～のもの」の場合

　「～のもの」の場合は、中性名詞のDingを補って考えましょう。例えば、「美し
いもの」＝「美」は、形容詞schön「美しい」を定冠詞つきで名詞化して下のよう
に表現できます。

1格 **das** ~~s~~→**Schöne** ~~Ding~~
4格 **das** ~~s~~→**Schöne** ~~Ding~~
3格 **dem** ~~s~~→**Schönen** ~~Ding~~
2格 **des** ~~s~~→**Schönen** ~~Ding(e)s~~

Die köstlichste Schokolade in meinem Leben.

 **話してみよう**

DIALOG Museumsbesuch zu dritt (2) 〜〜〜〜〜〜〜〜〜〜〜〜〜〜〜〜〜〜〜〜〜〜〜〜〜

Hanas Kollegin:	Sie waren also doch schon mal am Brunnen, wenn Sie sagen, dass die Schokolade dort nicht so lecker ist.
Andreas:	Na ja, mit Freunden und deren Kindern, die mich in Köln besucht haben. Doch für mich ist das beste am Museum nicht die Schokolade, sondern der Ort! So direkt am Rhein.
Hanas Kollegin:	Mir hat der Schokoladenbrunnen vor dem großen Fenster zum Rhein am besten gefallen. Der ist in seiner Größe wirklich eindrucksvoll!
Andreas:	Ja, aber je länger man dort stehen bleibt, desto mehr Schokolade muss man essen!
Hana (lacht):	Muss man ja nicht, du sagtest doch, du magst sie nicht.
Andreas:	Doch! Dort kann man nur stehen bleiben und aus dem Fenster schauen, wenn man immer wieder etwas isst ... je länger man steht, um so mehr muss man essen.
Hana:	Die köstlichste Schokolade in meinem Leben habe ich bei einer Verkostung im Museum gegessen! Es gibt ein extra Angebot – das kostet natürlich – um ganz edle Schokolade zu sehen, zu riechen und natürlich zu essen. Das war so so ... – „unübertrefflich"!
Andreas:	Solche Wörter kennst du! (lacht) Ich wusste nicht, dass es so eine Verkostung edelster Schokolade gibt. Du scheinst eine unübertreffliche Kennerin aller Kölner Museen zu sein!

● 比較の表現

Das ist die **köstlichste** Schokolade.	それは 一番美味しいチョコレート です。
das **beste** Museum.	一番よい博物館
der **längste** Fluss.	一番長い川

Die Schokolade hier ist **köstlicher** als die da.
このチョコレートはあそこのチョコレートより美味しい。

Das Museum hier ist **besser** als das in meiner Stadt.
ここの博物館は私の街の博物館よりもよい。

訳 —— 3人での博物館訪問（2）

ハナの同僚：	そこのチョコレートがあまり美味しくないと言うのであれば、もう行ったことがあるのですね。
アンドレアス：	ええまあ、ケルンに遊びにきた友人とその子どもたちとね。でも僕にとって博物館で一番いいのはチョコレートではなくて、場所なんです。こんなにも直にライン川に面していて！
ハナの同僚：	私はライン川に面した大きな窓の前にあるチョコレートの泉が一番気に入りました。その大きさは本当に圧倒的ね！
アンドレアス：	そう、長くいればいるほど、チョコレートをたくさん食べないといけなくなる！
ハナ（笑って）：	義務じゃないけど、チョコは好きじゃないって言ってたよね。
アンドレアス：	いやいや！　あそこはずっと食べていると、ずっと立ち止まって窓から眺められるんだ … 長く立っていればいるほど、チョコレートをたくさん食べる羽目になるのさ。
ハナ	今までで一番美味しいチョコレートは、この博物館の味見で食べたの！　特別のサービスで、とっても質のいいチョコレートを見たり、匂いをかいだり、もちろん食べたりするのだから、もちろんお金もかかるけど。そうね、うーん、なんとも「比較を絶する」の。
アンドレアス：	そんな言葉を知っているんだね！（笑う）　そんな質のいいチョコレートの味見があるなんて知らなかったな。君はケルンの博物館すべてを比較を絶するほどよく知っているようだね！

語句 —— lecker[口語]：美味しい　deren[近接指示の指示代名詞]：それらの〔ここでは「友人たちの」〕 das beste[gutの最上級]：最もよいもの／こと　der Ort：場所　direkt：直接に der Rhein：ライン川　die Größe：大きさ　eindrucksvoll：印象的な　je＋比較級, desto＋比較級：〜すればするほど…　länger[langの比較級]：より長い　mehr[vielの比較級]：より多い　magst < mögen：好きだ　stehen bleiben：立ったままでいる die köstlichste Schokolade[köstlichの最上級]：もっとも美味しいチョコレート die Verkostung：試食、味見　edel：高貴な、質のよい〔語尾がつくとedl-となる〕 extra[無変化]：特別の　das Angebot：提供（品）、サービス（品）　riechen：匂いをかぐ unübertrefflich：他のものに超えられない、卓越した　edelster Schokolade[edelの最上級、女性2格]：最も高貴なチョコレートの　scheinen＋zu不定句：〜のようだ　die Kennerin：よく知る者、通　aller Kölner Museen[複数2格]：すべてのケルンの博物館の

Der Fluss hier ist länger als der in meinem Dorf.
ここの川は私の村の川よりも長い。

Je länger man steht, um so / desto mehr muss man essen.
長く立っていればいるほど、より多く食べる羽目になる。

Je kürzer die Rede ist, um so / desto besser ist sie.
演説は短ければ短いほどよい。

語彙を増やそう［都市と農村］

● 都市

die Stadt, Städte 都市　in der Stadt wohnen 町に住む　in die Stadt gehen 町に行く
die Großstadt 大都市　die Kleinstadt 小都市　die Hauptstadt 首都
die Stadtmitte / das Stadtzentrum, -zentren 町の中心　die Innenstadt 中心街
die Altstadt 旧市街　das Einkaufsviertel ショッピング街　das Wohnviertel 住宅街
die Straße, -n 通り　der Weg, -e 道　die Allee, -n 並木道　die Gasse, -n 路地
die Kreuzung, -en 交差点　die Ampel, -n 信号　der Gehsteig, -e 歩道
die Fußgängerzone, -n 歩行者専用区域　der Zebrastreifen, - 横断歩道
der Radweg, -e 自転車専用道
der Platz, -plätze 広場　der Marktplatz （市の立つ）広場　das Rathaus, -häuser 市庁舎
die Kirche, -n 教会　der Dom, -e 大聖堂　der Brunnen, - 噴水、泉　der Park, -s 公園
das Tor, -e 門　der Turm, Türme 塔
der Bahnhof, -höfe 駅　der Hauptbahnhof （Hbf.） 中央駅　die U-Bahn-Station, -en
地下鉄の駅　die Bushaltestelle, -n バス停　der Taxistand, -stände タクシー乗り場
das Einkaufszentrum, -zentren ショッピングセンター
das Parkhaus, -häuser パーキングビル　die Stadtmauer, -n 町の外壁
der Stadtrand 町のはずれ　der Vorort, -e 郊外　die Gegend, -en 地域、近郊
die Umgebung, -en 周辺地域　der Einwohner, - 住民

● 農村

das Land 田舎、地方、田園　auf dem Land wohnen 田舎に住む
aufs Land ziehen 田舎に引っ越す　das Dorf, Dörfer 村　die Gemeinde, -n 地方自治体
die Landwirtschaft 農業　der Bauer, -n / die Bäuerin, -nen 農民
der Bauernhof, -höfe 農場　der Ackerbau 農耕　der Acker, Äcker / das Feld, -er 畑
das Getreide 穀物　die Ernte 収穫
das Vieh 家畜　das Rind, -er 牛　die Kuh, Kühe 雌牛　der Bulle, -n / der Stier, -e 雄牛
das Kalb, Kälber 仔牛　das Pferd, -e 馬　das Schwein, -e 豚　das Huhn, Hühner 鶏
die Henne, -e 雌鶏　der Hahn, Hähne 雄鶏　die Ente, -n / Hausente アヒル
die Gans, Gänse ガチョウ　das Schaf, -e 羊　die Ziege, -n ヤギ　die Maus, Mäuse ネズミ
der Stall, Ställe 家畜小屋
die Milchwirtschaft 酪農　das Milchprodukt, -e 乳製品
das Insekt, -en 昆虫　der Schmetterling, -e チョウ、ガ
der Käfer, - 甲虫（カブトムシ、コガネムシなど）　die Fliege, -n ハエ　die Mücke, -n 蚊
der Berg, -e 山　in den Bergen leben 山で暮らす　in die Berge fahren 山へ行く
das Gebirge 山岳地帯　der Hügel, - 丘　der Wald, Wälder 森
die Wiese, -n 草地、草原　das Gras, Gräser 草
der Fluss, Flüsse 川　der Strom, Ströme 大河　der Bach, Bäche 小川
der See, -n 湖 （die See / das Meer：海）　das Ufer, - 岸辺
das Tal, Täler 谷　die Landschaft, -en 風景、景色

))) 🎧 聞き取ってみよう
⬇ DL 86

Szene 退屈しのぎに、ハナとアンドレアスが日本とドイツの地理についてクイズをしています。

1. 日本の面積はどれくらい？
   - ☐ 36 000平方キロメートル ☐ 360 000平方キロメートル
   - ☐ 3 600 000平方キロメートル

2. 日本とドイツの大きさは？
   - ☐ 日本がずっと大きい ☐ ドイツがちょっと大きい
   - ☐ ほぼ同じ大きさ

3. 富士山はツークシュピッツェよりも
   - ☐ 高い ☐ 低い ☐ ほぼ同じ

4. ツークシュピッツェの標高は？
   - ☐ 2 962メートル ☐ 3 776メートル ☐ 4 810メートル

（トランスクリプションと訳は136ページ）

表現してみよう

❶比較級を用いた次の質問に答えてみましょう。

DL 87

1) ◇ Ist der Pazifik größer als der Atlantik?　太平洋は大西洋より大きい？

◆ _____

2) ◇ Welcher Fluss ist länger, die Donau oder der Rhein?
　　ドーナウ川とライン川では、どちらの川が長い？

◆ _____

3) ◇ Was trinkst du lieber, Bier oder Wein?
　　ビールとワインでは、どちらを飲むのが好き？

◆ _____

❷最上級を用いた次の質問に答えてみましょう。

DL 88

1) ◇ In welcher Jahreszeit sind die Tage am kürzesten?　どの季節に昼間が一番短い？

◆ _____

2) ◇ Wie heißt der höchste Berg in Deutschland?　ドイツの最高峰は何という？

◆ _____

3) ◇ Was essen Sie am liebsten?　何を食べるのが一番好き？

◆ _____

❸「je＋比較級～, um so/desto＋比較級～」（～であればあるほど、それだけ～）の表現
を使い、次の日本語をドイツ語にしてみましょう。

DL 89

1) 早く起きれば起きるほど、私の一日は長くなる。　　[ヒント：früh / auf|stehen]

_____

2) 年をとればとるほど、彼は控えめになる。　　[ヒント：alt / bescheiden / werden]

_____

❹次の会話を音読しましょう。さらにヒントを参考にして日本語にしてみましょう。

Szene あなた（◇）がドイツ人の友人（◆）と日本食について話をしています。

◇ Was isst du lieber, Sukiyaki oder Tempura?

◆ Ich esse lieber Sukiyaki als Tempura. Aber am liebsten esse ich Sushi.

◇ Wollen wir dann einmal zusammen Sushi essen? Ich kenne ein sehr gutes
Sushi-Restaurant, dort kann man köstliches Sushi genießen, das die
professionellen japanischen Köche zubereiten.

◆ Eine prima Idee!

◇ Ist es dir morgen recht? Je früher man reserviert, desto besser sind die
Tische.

DL 90

ヒント―― genießen：楽しむ　gelernt：熟練した　der Koch, Köche：料理人
　　　　 zu|bereiten：調理する　es ist j³ recht：人³にとって都合がよい

❺こんどはあなた（◇）がドイツ人の友人（◆）とお酒について話をしています。ヒント
を参考に、ドイツ語の会話を完成させてください。

◇ ビールとワインでは、どちらを飲むのが好き？

◆ Ich trinke lieber Wein als Bier. Aber am liebsten trinke ich japanischen Sake.

DL 91

◇ じゃあ一度一緒に日本酒を飲もうか？　とってもいい日本食レストランを知ってるん
だけど、そこではおいしい京都のお酒（Sake aus Kyoto）を楽しめる（genießen können）んだ。

◆ Eine prima Idee!

◇ 明日の都合はどう？　早く予約すればするほど、それだけよい席になるんだけど。

解答例

❶ 1）Ja, der Pazifik ist größer als der Atlantik.
　2）Die Donau ist länger als der Rhein.
　3）Ich trinke lieber Bier (Wein) als Wein (Bier).

❷ 1）Im Winter sind die Tage am kürzesten.
　2）Er/Der höchste Berg Deutschlands (in Deutschland) heißt/ist die Zugspitze (2.962m).
　3）Ich esse am liebsten (z.B.) Currywurst.

❸ 1）Je früher ich aufstehe, um so/desto länger wird/ist mein Tag.
　2）Je älter er wird, um so/desto bescheidener wird er.

❹ シーン

◇ すき焼きと天ぷらでは、どちらを食べるのが好き？

◆ 天ぷらよりすき焼きの方が好きだよ。でも一番好きなのは寿司さ。

◇ じゃあ、一度一緒に寿司を食べようか？　とってもいい寿司屋を知ってるんだけど、そこでは腕のいい
職人が握るおいしい寿司を楽しめるんだ。

◆ いい考えだね！

◇ 明日の都合はどう？　早く予約すればするほど、それだけよい席になるんだけど。

❺◇ Was trinkst du lieber, Bier oder Wein?

◇ Wollen wir dann einmal zusammen Sake trinken? Ich kenne ein sehr gutes japanisches Restaurant und dort kann man köstlichen Sake aus Kyoto genießen.

◇ Ist es dir morgen recht? Je früher man reserviert, desto besser sind die Tische.

Das Guinness-Buch der Weltrekorde

Die erste Ausgabe des *Guinness Book of Records* wurde 1955 veröffentlicht. Auf die Idee zu dem Buch kam Sir Hugh Beaver, der damalige Geschäftsführer der Guinness Brauerei, bei einer Vogeljagd. Auf die Frage nach dem schnellsten Jagdvogel Europas fanden die Jäger keine Antwort, auch nicht in einem Nachschlagewerk. Um solche Streitigkeiten zu lösen, entstand eine Sammlung von Zahlen und Fakten, das erste Guinness-Buch der Weltrekorde.

Hier können Sie Ihr Allgemeinwissen testen!
(Die Auflösung finden Sie auf der nächsten Seite)
1. Wo steht die größte Modelleisenbahn der Welt?
    a) in Peking   b) in Honolulu   c) in Hamburg
2. Welches Tier hat das größte Herz der Welt?
    a) der Blauwal   b) der Elefant   c) das Riesennashorn
3. Bis zu wie viel Mal kann sich ein Delfin bei einem Sprung in der Luft drehen?
    a) drei Mal   b) sieben Mal   c) zehn Mal
4. Welche Stadt hat die meisten Michelin-Sterne-Restaurants?
    a) Paris   b) Tokio   c) Rom

読みのヒント ── der Weltrekord, Weltrekorde：世界記録
  veröffentlicht < veröffentlichen「出版する」の過去分詞　damalig：当時の
  der Geschäftsführer：経営者　die Guinness Brauerei：ギネスビール醸造所
  die Vogeljagd：鳥撃ち　der Jagdvogel：狩猟鳥　der Jäger, –：猟師
  das Nachschlagewerk：参考図書　die Streitigkeit, -en：論争
  entstand < entstehen「生じる」の過去形　die Sammlung：（論文）集
  der Fakt, -en：事実　das Allgemeinwissen：一般常識　die Auflösung：解答
  die Modelleisenbahn：鉄道模型　das Herz：心臓　der Blauwal：シロナガスクジラ
  das Riesennashorn：サイ　der Delfin：イルカ　der Sprung：ジャンプ
  sich⁴ drehen：回る　Michelin：ミシュラン　der Stern, -e：（評価の）星

訳例 ── ギネス世界記録
  ギネス世界記録の初版は1955年に発行されました。ギネス醸造所の経営者サー・ヒュー・ビーバーは、鳥撃ちの際にこの本のアイデアを思いつきました。ヨーロッパで最も速い狩猟鳥は何かという問いの答えを猟師たちは分からず、どんな本にも答えを見つけることができませんでした。このような問題を解決するために、数字やファクトを集めて作られたのが、最初のギネスブックです。ここで、あなたの一般知識をテストしてみてください！（解答は次のページにあります。）
  1．世界最大の鉄道模型はどこにある？
    a）北京　　　b）ホノルル　　　c）ハンブルク
  2．世界で一番大きな心臓を持つ動物は？
    a）シロナガスクジラ　　b）ゾウ　　　c）大サイ
  3．イルカは、1回のジャンプで何回まで回転できる？
    a）3回　　　b）7回　　　c）10回
  4．ミシュランの星付きレストランが最も多い都市は？
    a）パリ　　　b）東京　　　c）ローマ

Die Auflösung

1. **c) in Hamburg**
Das Miniatur Wunderland in Hamburg ist die größte Modelleisenbahnanlage der Welt.
1 300 Quadratmeter groß ist die Fläche mit 15,4 km Gleisen, darauf sind 930 Züge, Flugzeuge, PKWs und Schiffe.

2. **a) der Blauwal**
Der Blauwal ist nicht nur das größte Säugetier der Erde, er hat auch das größte Herz aller Tiere. Sein Herz ist so groß wie ein kleines Auto und wiegt fast 700 kg – das ist mehr als 2 000 mal so viel wie das Herz eines Menschen.

3. **b) sieben Mal**
Der Ostpazifische Delfin kann sich bei einem Sprung aus dem Wasser mehr als drei Mal, aber weniger als zehn Mal, drehen. Die richtige Antwort also: sieben Mal.

4. **b) Tokio**
In der japanischen Hauptstadt gibt es mehr Michelin-Sterne-Restaurants als irgendwo sonst auf der Welt. Dort gibt es auch die meisten Drei-Sterne-Restaurants.

読みのヒント ── das Miniatur Wunderland：ミニチュアワンダーランド（ハンブルクにある鉄道模型のミニチュアパーク） die Modelleisenbahnanlage：鉄道模型施設
der Quadratmeter：平方メートル die Fläche：面積 das Gleis, -e：線路、レール
der Zug, Züge：列車 das Flugzeug, -e：飛行機
der PKW, -s = der Personenkraftwagen, －：乗用車 das Schiff -e：船
das Säugetier：哺乳類 der Ostpazifische Delfin：ハシナガイルカ
die Hauptstadt：首都 mehr ... als irgendwo sonst auf der Welt：世界の他のどこよりも多い

訳例 ── 解答
　1．c）ハンブルク
　　ハンブルクにある Miniatur Wunderland は、世界最大の鉄道模型施設です。
　　面積は 1,300 平方メートル、敷地に長さ 15.4km の線路があり、そこに 930 台の列車、飛行機、自動車、船が走っています。
　2．a）シロナガスクジラ
　　シロナガスクジラは、地球上で最も大きな哺乳類であるだけでなく、動物の中で最も大きな心臓を持っています。心臓は小型車ほどの大きさで、重さは 700kg 近くあり、人間の心臓の 2,000 倍以上になります。
　3．b）7回
　　ハシナガイルカは、水から飛び出すときに 3 回以上 10 回未満の回転が可能です。そのため正解は 7 回です。
　4．b）東京
　　日本の首都には、世界のどこよりも多くのミシュランの星付きレストランがあります。また、3 つ星のレストランが最も多くあります。

書いてみよう

比較の表現を使いながら、相手に何かを勧める表現をチェックしましょう。

[勧める表現]

Ich empfehle dir diesen Roman, weil dort von allen Romanen, die ich gelesen habe, die Natur am schönsten beschrieben wird.

これまでに読んだ小説のなかで自然がもっとも美しく描写されているので、この小説を勧めます。

Ich finde die Novelle sehr empfehlenswert, weil die Handlung von allem, was ich bisher gelsen habe, am spannendsten ist.

これまでに読んだものすべてのなかで話の筋が一番ドキドキするので、この小説がとてもお勧めだと思います。

Ich ziehe diese Geschichte allen anderen vor, weil sie zum Nachdenken am besten ist.

一番いろいろと考えさせるので、この物語を他のどれよりも好んでいます。

[実践編]

ハナが知り合った12歳のLisaが、夏休みの読書にお勧めの本をハナに聞いてきました。その返事のメールです。

Liebe Lisa, / Hallo Lisa,

du möchtest in den Schulferien ein Buch lesen und fragst mich, welche Geschichte ich dir empfehle.

Hast du schon etwas von Michael Ende gehört? Oder schon etwas gelesen? Wenn du noch nichts von ihm gelesen hast, dann empfehle ich dir „Momo". Die Geschichte finde ich am spannendsten. Da geht es um ein Mädchen, das die Menschen vor den „grauen Herren" rettet. Wenn du *Momo* schon kennst, dann würde ich dir „*Die unendliche Geschichte*" vorschlagen, weil schon die Ausstattung des Buches interessanter als die Ausstattung aller anderen Bücher ist.

Ich wünsche dir viel Spaß beim Lesen und einen schönen Sommer.

Grüße (Viele Grüße / Beste Grüße なども)
Hana

訳例：
こんにちは、リーザ、
あなたは学校の休み中に本を読みたくて、どの物語を私が勧めるかと聞いてくれましたね。
もうミヒャエル・エンデについて何か聞いたことはありますか？　あるいはもう読んだ？　まだ彼のを何も読んでいないのであれば、『モモ』を勧めます。この物語を私は一番ワクワクさせるものだと思います。人々を「灰色の男たち」から救う女の子の話です。もしもう『モモ』を知っているなら、『はてしない物語』を提案したいです、というのも、もう本の装幀からして他の本の装幀よりもずっと興味深いからです。
読書を楽しんで、いい夏を過ごしてくださいね。
お元気で
ハナ

[練習] 実践編を参考に，日本語をドイツ語にしてみましょう。

> Dein junger Freund Michael (10 Jahre alt) möchte in den Ferien ein Buch lesen und fragt dich, was für ein Buch du ihm empfiehlst.

DL 95

こんにちは、ミヒャエル、
あなたは休み中に本を読みたくて、どの物語を私が勧めるかと聞いてくれましたね。
もうエーリヒ・ケストナー（Erich Kästner）について何か聞いたことはありますか？ あるいはもう読んだ？ まだ彼のを何も読んでいないのであれば、『エーミールと探偵たち（Emil und die Detektive）』を勧めます。この物語を私は一番ワクワクさせるものだと思います。盗まれたお金をベルリンの男の子たちと取り返す男の子（ein Junge, der sein gestohlenes Geld zusammen mit Berliner Jungen zurückgewinnt）の話です。もしもう『エーミール』を知っているなら、『飛ぶ教室（Das fliegende Klassenzimmer）』を提案したいです。
読書を楽しんで、いい夏を過ごしてくださいね。
お元気で

_____ （自分のファーストネーム）

Hallo Michael,

_____

_____

_____

_____

Grüße

_____

解答例：
Hallo Michael, (Lieber Michael, でも)

du möchtest in den Ferien ein Buch lesen und fragst mich, welche Geschichte ich dir empfehle.
Hast du schon etwas von Erich Kästner gehört? Oder schon etwas gelesen? Wenn du noch nichts von ihm gelesen hast, dann empfehle ich dir „Emil und die Detektive". Die Geschichte finde ich am spannendsten. Da geht es um einen Jungen, der sein gestohlenes Geld zusammen mit Berliner Jungen zurückgewinnt. Wenn du „Emil" schon kennst, dann würde ich dir „Das fliegende Klassenzimmer" vorschlagen.
Ich wünsche dir viel Spaß beim Lesen und einen schönen Sommer.

Grüße

_____ (Ihr Vorname)

G　ドイツ語の仕組み　▶比較の表現（最上級、比較級、その他）

1．形容詞の比較変化

まずは、形容詞の比較級と最上級の作り方について簡単にまとめておきましょう。

①基本

比較級はもとの形（原級）に -er、最上級は -st をつけて作ります。

原級		比較級		最上級
schön	➡	schön**er**	➡	schön**st**
köstlich	➡	köstlich**er**	➡	köstlich**st**
edel	➡	ed**l**er*	➡	edel**st**

* 同様に、dunkel / heikel / übel などの比較級は、dunkler / heikler / übler となります。「黒ビール」を
dunkeles Bier ではなく、dunkles Bier と表現するのと同じ原理です。

②基本から若干ズレが生じるケース

幹母音がa, o, uで短い（1音節の）形容詞の場合、幹母音を変音（ウムラオト）
させて語尾 -er, -stをつけます。

原級		比較級		最上級
lang	➡	l**ä**ng**er**	➡	l**ä**ng**st**
groß	➡	gr**ö**ß**er**	➡	gr**ö**ß**t***
hoch	➡	h**ö**h**er****	➡	h**ö**ch**st**

* -ß-の中にすでに -s- が含まれているので、最上級では -t だけつけます。
**幹母音が変音するだけでなく、-ch-の -c- が抜け落ちます。

③比較級、最上級が原級とはまったく異なった形になるケース（一つずつ覚えましょう！）

原級		比較級		最上級
gut	➡	**besser**	➡	**best**
viel	➡	**mehr**	➡	**meist**

2．比較級、最上級が名詞を修飾する場合

比較級、最上級が名詞を修飾する場合も、Unit 7「ドイツ語の仕組み」で学んだ
ルールにしたがって語尾がつきます。語尾は、形容詞の前の状況（冠詞類がある
かないか、どのような冠詞類があるのか）、形容詞の後にくる名詞の性・数・格に
応じて決まるのでしたね。具体例で確認しましょう。

Eine kleinere Wohnung　wäre uns lieber.　もっと小さな住居の方が私たちにはいいのですが。

└─ 不定冠詞＋kleinの比較級kleiner＋女性名詞・単数・1格：kleinerの語尾 -e

Das ist　das beste Museum　.　それは一番よい博物館です。

└─ 定冠詞＋gutの最上級best＋中性名詞・単数・1格：bestの語尾 -e

Ich wusste nicht, dass es so eine Verkostung edelster Schokolade gibt.
そんな質のいいチョコレートの味見があるなんて知らなかった。

3．いろいろな比較表現

①so＋原級＋wie ...「…と同じくらい〜」

Deutschland ist fast **so groß wie** Japan.　　ドイツはほとんど日本と同じ大きさだ。

＊次のようなヴァリエーションもよく出てきます。
Andreas ist **genauso alt wie** Sven.　　　アンドレアスはスヴェンとちょうど同い年だ。
Hana ist **nicht so alt wie** Monika.　　　ハナはモニカほどの年齢ではない。

②比較級＋als ...「…よりも〜」

Die Zugspitze ist **niedriger als** der Fuji.　　ツークシュピッツェのほうが富士山より低い。

＊比較級を強調して「…よりもはるかに〜」と言いたいときは、比較級の前に viel などを置きます。
Sven isst **viel mehr als** Andreas.　　　　スヴェンはアンドレアスよりもはるかにたくさん食べる。

③比較級＋und＋比較級（＝immer＋比較級）「ますます〜」

Im Herbst werden die Tage **kürzer und kürzer / immer kürzer**.
秋になると日がますます短くなる。

④je＋比較級 ..., um so/desto＋比較級 ...「〜であればあるほど、ますます／いっそう〜」

Je kürzer die Rede ist, **um so/desto besser** ist sie.　　演説は短ければ短いほどよい。

＊「je＋比較級」の後が副文（従属文）になっていて、「um so/desto＋比較級」の後には動詞の定形、主語という語順になっている点に注意しましょう。

4．最上級の使い方に関する補足

　少々難しい話になりますが、次の文は、「S＋V＋C（＝補語）で、Cが形容詞」という構文になっています。

　　Hana ist **fleißig**.　　ハナは勤勉だ。

　この文のCを最上級にするとどうなるでしょうか？　例えば、下のとおり2つの可能性があります。

　　1）Hana ist **die fleißigste** von uns allen.　　ハナは私たちみなの中で一番勤勉だ。
　　　＊定冠詞dieの部分は、主語の性に応じてderやdasに変化します。

　　2）Hana ist vor der Prüfung **am fleißigsten**.　　ハナは試験の前が一番勤勉だ。

　1）は、「ハナと私たち全員の勤勉度を比較」していますが、2）では「いろいろな条件下でのハナ個人の勤勉度の違いを比較」しています。「S＋V＋C」の構文では、このように2通りの最上級が可能です。

　ちなみに、スキットに出てきた次の文のam besten（gutの最上級）は副詞です。副詞の場合、最上級は常に am ... sten という形になります。

　　Mir hat der Schokoladenbrunnen vor dem großen Fenster zum Rhein **am besten** gefallen.
　　私はライン川に面した大きな窓の前にあるチョコレートの泉が一番気に入りました。

Ich muss mich heute bei unserer Verwaltung beschweren.

話してみよう
↓ DL 96

`DIALOG` Probleme in der Firma (1)

インターン先のコピー機の調子が悪いようです。

Hanas Kollege: Guten Morgen, Frau Ikegami, was kann ich für Sie tun?

Hana: Herr Scheel, guten Morgen. Ich muss mich heute bei unserer Verwaltung beschweren. Sowohl der Kopierer in unserer Etage, als auch der in der dritten Etage funktioniert nicht.

Hanas Kollege: Das tut mir leid, Frau Ikegami. Haben Sie mal nachgesehen, ob vielleicht ein Papierstau entstanden ist? Ich lese mal vor, was in der Anleitung steht: „Damit ein Drucker korrekt arbeiten kann, muss das Papier gerade liegen. Andernfalls wird es schräg eingezogen, wodurch ein Papierstau entsteht."

Hana: Ich weiß: „Eine weitere Ursache für einen Papierstau ist eine zu volle Papierkassette." Das dachte ich mir auch, das ist es aber nicht. Sowohl der eine, als auch der andere Kopierer machen komische Geräusche ...

Hanas Kollege: Oh! Immer oder nur beim Kopieren? Wie hört sich das an?

Hana: Der Kopierer in unserer Etage war schon an, der machte die Geräusche schon, als ich reinkam. Der andere Kopierer erst, nachdem ich kopieren wollte. So, als ob etwas nicht richtig transportiert wird.

Hanas Kollege: Danke. Sie müssen sich nicht bemühen. Ich werde mich für Sie bei der Verwaltung melden, die werden für die defekten Kopierer eine Lösung finden!

 もっと知りたいドイツ語表現
↓ DL 97

● 相関接続詞のいくつか

Sowohl der Kopierer, **als auch** der Drucker sind defekt.
コピー機も印刷機も故障しています。

Nicht nur ich, **sondern auch** andere Kollegen ärgern sich,
weil die Maschinen nicht funktionieren.
私だけでなく他の同僚たちも、機械が動かないので怒っています。

Die Verwaltung lässt **weder** den Kopierer **noch** den Drucker gleich reparieren.
総務部はコピー機も印刷機もすぐには修理してくれない。

訳 —— 会社で問題（1）

ハナの同僚： おはよう、イケガミさん、どうしましたか（何かお役に立てますか）？

ハナ： シェールさん、おはようございます。今日は総務部に苦情を言わなければなりません。私たちの階のコピー機も、3階（日本の4階）のコピー機も動かないのです。

ハナの同僚： それはすみませんが、イケガミさん。ひょっとして紙が詰まっているかどうか、確認しましたか？　使用説明書に書いてあることを読み上げますね。「印刷機が適正に動くためには、紙がまっすぐ置かれている必要があります。そうしない場合、紙はまがって引き込まれ、紙詰まりの原因となります。」

ハナ： 分かっています。「紙詰まりの他の原因は、紙のカセットに紙を詰めすぎることです。」これもそうかと考えてみましたが、これも違いました。ここの1台も別の台も、変な音を出しているのです…。

ハナの同僚： おや！ ずっとですか、それともコピーするときだけ？ どんな感じの音でしょう？

ハナ： 私が入室したときには、私たちの階のコピー機はもう電源が入っていて、もう変な音を出していました。上のコピー機は、私がコピーしようとしたら、変な音を出しました。何かがきちんと運ばれていないような音でした。

ハナの同僚： ありがとう。あなたが骨折りする必要はないですよ。あなたの代わりに総務部に行って伝えてきます。故障したコピー機の解決策を見つけてもらいましょう！

語句 —— sich⁴ bei ...³ beschweren：…に苦情を言う　die Verwaltung：総務部（会社の職務や業務の管理をする部署）　sowohl A, als auch B：Bと同様にAも、AもBも
der Kopierer：コピー機　die Etage［エタージェ］：階　funktionieren：機能する
nach|sehen：調べる、チェックする　der Papierstau：紙詰まり　entstanden <
entstehen：生じる　vor|lesen：読み上げる　die Anleitung：(使用)説明書
stehen：出ている、書かれている　damit：～するように　korrekt：適切に、正しく
andernfalls：他の場合には　schräg：斜めに　ein|ziehen：引き込む
wodurch：それによって　die Ursache：原因　die Papierkassette：紙用カセット
sich³ ...⁴ denken：…を思い描く、想像する　komisch：変な
das Geräusch, Geräusche：音、騒音　sich⁴ ... anhören：…のように聞こえる
an：(電源の)入った　rein|kommen：入る　als ob：あたかも～のように
transportieren：運ぶ　sich⁴ bemühen：骨折りをする　sich⁴ melden：連絡する
defekt：故障した　die Lösung：解決(策)

Ich kann mich **entweder** nochmals bei der Verwaltung **oder** direkt beim Chef beschweren.
もう一度総務部に苦情を言うか、それとも直接上司に言うことができる。

● 3格の再帰代名詞を取る再帰動詞（4格の目的語があることに注意！）

Das dachte ich mir auch.　　Was denkst du dir, wenn du das siehst?
それは私も想像してみました。　　それを見たら、何を思い描くかな？

Wir können uns so eine teure Maschine nicht leisten.
私たちは、そんなに高価な機械を買うことはできない。

Er bildet sich das nur ein.
彼がそう思い込んでいるにすぎない。

語彙を増やそう ［コンピュータ・インターネット・電子機器］

● コンピュータ

der Computer, – コンピュータ　der PC, -[s] パソコン

das Notebook, -s ノートブック型PC　der Laptop, -s ラップトップ型PC

das Tablet / der Tablet-PC タブレット型PC

die Tastatur, -en キーボード　die Taste, -n キー　drücken 押す　tippen キーを打つ
ein|tippen （キーを打って）入力する

der Bildschirm, -e / der Monitor, -e(n) ディスプレイ、モニター

die Maus, Mäuse マウス　an|klicken クリックする　die CD-ROM, -s CD-ROM

der USB-Stick USBメモリ　der Lautsprecher スピーカー

das CD (DVD)-Laufwerk CD(DVD)ドライブ　der/das Modem, -s モデム

das Programm, -e プログラム　die Software, -s ソフトウェア

die Applikation, -en アプリケーション　die/das App, -s アプリ

herunter|laden / downloaden ダウンロードする　installieren インストールする

die Datei, -en ファイル　die Daten (Pl.) データ　ein|geben 入力する

das Dokument, -e 文書　speichern 保存する　kopieren コピーする

ein|fügen 挿入する　löschen 削除する

● インターネット

das Internet インターネット　das Netz ネット　das WLAN, -s 無線LAN

die/der URL, -s URL　der Link, -s リンク　der Anbieter, – プロバイダー

die/das E-Mail, -s eメール　per E-Mail eメールで　schreiben 書く

schicken / senden 送る　bekommen 受け取る　checken チェックする

mailen メールを書く　E-Mail-Adresse, -n eメールアドレス　die Nachricht, -en メッセージ

die Homepage, -s ホームページ　die Webseite, -n ウェブサイト

die Suchmaschine, -n （コンピュータ）検索エンジン　googeln グーグルで検索する

die SMS, -en SMS　twittern ツイートする　der Follower, – フォロアー

der Chat(room), -s チャット（ルーム）　chatten チャットする　der Blog, -s ブログ

bloggen ブログで情報を発信する

der User / Nutzer, – ユーザー　das Passwort, -wörter パスワード　ein|tragen 登録する

● プリンタ、スキャナー、コピー機

der Drucker, – プリンタ　drucken 印刷する　aus|drucken プリントアウトする

der Scanner, – スキャナー　scannen / ein|scannen スキャンする

der Kopierer, - / das Kopiergerät, -e コピー機　kopieren コピーする

● 電子機器等

das Elektrogerät, -e 電子機器　der Strom 電気　elektronisch 電子の

ein|schalten オンにする　aus|schalten オフにする　auf|laden 充電する

die Fernbedienung, -en 遠隔操作、リモコン　der Stecker, – プラグ

die Steckdose, -n コンセント　ein|stecken 差し込む

aus|stecken 抜く　das Kabel, – ケーブル、コード

聞き取ってみよう ↓ DL 98

Szene ハナの買ったものに問題があって、買ったお店に苦情を言っています。

1. ハナが買ったのは？
   - ☐ テレビ（der Fernseher）
   - ☐ 掃除機（der Staubsauger）
   - ☐ エアコン（die Klimaanlage）

2. 商品の問題は？
   - ☐ 音が大きすぎる
   - ☐ コードに欠損がある
   - ☐ ぜんぜん動かない

3. お店の提案は？
   - ☐ 同じ製品と交換するか商品券
   - ☐ 別の製品と交換するか返金
   - ☐ 返金か商品券

4. ハナが選んだのは？
   - ☐ 別の同じ製品との交換
   - ☐ 別の色の同じ製品
   - ☐ 商品券
   - ☐ 返金

（トランスクリプションと訳は137ページ）

表現してみよう

❶「相関接続詞」(─「呼応する接続詞」)＜ nicht nur A, sondern auch B ＞「Aだけでなく、Bもまた」の表現を使い、次の日本語をドイツ語にしてみましょう。

1) Julia は英語だけでなく、日本語もできる。　　　　　　　　[ヒント：können]

2) Thomas は京都だけでなく、奈良も訪れた。　　　　　[ヒント：…⁴ besuchen]

DL 99

❷＜ nicht A, sondern B ＞「Aでなく、B」の表現を使った練習です。

1) Petra は今日ではなく、明日来る。

2) Anke は私に手紙を書くのではなく、直接電話をかけてきた。[ヒント：j³ schreiben / j⁴ direkt an|rufen]

DL 100

❸＜ entweder A oder B ＞「AまたはB」の表現を使った練習です。

1) 夫は今、庭かキッチンで仕事をしている。　　[ヒント：im Garten / in der Küche / arbeiten]

2) この夏、私たちは海か山のどちらかへ行きたい。　[ヒント：an die See (ans Meer) / in die Berge fahren]

DL 101

❹＜ sowohl A als auch B ＞「AもBもどちらも」の表現を使った練習です。

1) Manfred は、サッカーもテニスもどちらもうまい。　[ヒント：Fußball / Tennis spielen]

2) 父も母も目下旅行中です。　　　　　　　　[ヒント：zurzeit verreist sein]

DL 102

❺＜ weder A noch B ＞「AもBもどちらも～ない」の表現を使った練習です。

1) 私には、時間もお金もない。　　　　　　　　[ヒント：Zeit / Geld haben]

2) 私は、残念ながら中国語も韓国・朝鮮語も話すことができない。[ヒント：Chinesisch / Koreanisch]

DL 103

❻＜ zwar A, aber B ＞「確かにAではあるが、しかしB」の表現を使った練習です。

1) 祖母は確かに年をとっているが、まだとてもアクティヴだ。　　　[ヒント：aktiv]

DL 104

❼次の会話を音読しましょう。さらにヒントを参考にして日本語にしてみましょう。

Szene あなた（◇）がドイツ人の友人（◆）と、Volker のことを話しています。

◇ Volker kann sowohl Englisch als auch Russisch gut sprechen.

◆ Das kann ich mir vorstellen. Denn ich habe gehört, er hat nicht nur in London studiert, sondern auch lange Zeit in Moskau gearbeitet.

◇ Ach so. Ich beneide ihn. Ich kann weder Russisch noch Englisch sprechen.

DL 105

◆ Du kannst zwar kein Russisch sprechen, aber du kochst sehr gut russisch, oder?

◇ Na ja, wollen wir dann heute Abend zusammen entweder Borschtsch oder Piroschki essen?

ヒント —— sich³ ...⁴ vor|stellen：思い浮かべる　lange Zeit：長い間　j⁴ beneiden：人をうらやましく思う　russisch kochen/essen：ロシア料理を作る／食べる

❽こんどはあなた（◇）がドイツ人の友人（◆）とYokoのことを話しています。ヒントを参考に、ドイツ語の会話を完成させてください。

◇ Yoko は英語もイタリア語（Italienisch）も話せるんだ。

◆ Das kann ich mir vorstellen. Denn ich habe gehört, sie hat nicht nur in New York studiert, sondern auch einige Jahre in Mailand gearbeitet.

DL 106

◇ ああ、そうなんだ。彼女がうらやましいよ。僕なんかイタリア語も英語も話せない。

◆ Du kannst zwar kein Italienisch sprechen, aber du kochst sehr gut italienisch, oder?

◇ まあね、じゃあ今晩は一緒にスパゲッティ（Spaghetti）かピザ（Pizza）を食べようか？

ヒント —— einige Jahre：何年か　Mailand：ミラノ

解答例

❶1) Julia kann nicht nur Englisch, sondern auch Japanisch.
　2) Thomas hat nicht nur Kyoto, sondern auch Nara besucht.
❷1) Petra kommt nicht heute, sondern morgen.
　2) Anke hat mir nicht geschrieben, sondern mich direkt angerufen.
❸1) Mein Mann arbeitet jetzt entweder im Garten oder in der Küche.
　2) Diesen Sommer (In diesem Sommer) möchten wir entweder an die See (ans Meer) oder in die Berge fahren.
❹1) Manfred spielt sowohl Fußball als auch Tennis gut.
　2) Sowohl mein Vater als auch meine Mutter sind zurzeit verreist.
❺1) Ich habe weder Zeit noch Geld.
　2) Ich kann leider weder Chinesisch noch Koreanisch sprechen.
❻1) Meine Großmutter ist zwar alt, aber sie ist noch sehr aktiv.
❼ シーン
　◇ フォルカーは、英語もロシア語も話せるんだ。
　◆ それは想像できることだよ。というのも、聞いた話では、彼はロンドンの大学で学んだだけでなく、長いことモスクワで働いていたから。
　◇ ああ、そうなんだ。彼がうらやましいよ。僕なんかロシア語も英語も話せない。
　◆ 君は確かにロシア語は話せないけど、でもロシア料理はとても上手じゃない。
　◇ まあね、じゃあ今晩は一緒にボルシチかピロシキを食べようか？
❽◇ Yoko kann sowohl Englisch als auch Italienisch gut sprechen.
　◇ Ach so. Ich beneide sie. Ich kann weder Italienisch noch Englisch sprechen.
　◇ Na ja, wollen wir dann heute Abend zusammen Spaghetti oder Pizza essen?

Waldkindergärten

Waldkindergärten werden oft als „Kindergärten ohne Dächer und Wände" bezeichnet. Das Konzept eines Waldkindergartens ist nämlich, dass Kinder nicht im Hortgebäude spielen, sondern die ganze Zeit draußen verbringen, entweder im Wald oder unter freiem Himmel. Sie brauchen weder Spielzeug noch Puppen, denn die Natur bietet viel mehr Materialien und Ideen für spannende Kinderspiele. Die Aktivitäten im Freien finden sowohl im heißen Sommer als auch im kalten Winter statt. Kinder erleben die natürliche Umwelt zu allen Jahreszeiten und mit allen Sinnen, das fördert nicht nur die Kreativität und die Fantasie, sondern vor allem die Selbstständigkeit der Kinder. Studien zeigen, dass „Waldkinder" in ihrer Entwicklung oft weiter sind, als Kinder, die einen Regelkindergarten besucht haben.

読みのヒント　――　das Dach, Dächer：屋根　die Wand, Wände：壁
A⁴ als B⁴ bezeichnen：AをBと呼ぶ　nämlich：つまり、すなわち〔文中に置く〕
das Hortgebäude：園舎　verbringen：過ごす　unter freiem Himmel：野外で
das Spielzeug, -e：おもちゃ　die Puppe, -n：人形　bieten：提供する
spannend：面白い　die Aktivität, -en：活動　im Freien：野外で
statt|finden：行われる　erleben：体験する　der Sinn, -e：感覚　fördern：促進する
die Kreativität：創造力　die Fantasie：ファンタジー　die Selbstständigkeit：自立性
die Studie, -n：研究、調査　die Entwicklung：成長
der Regelkindergarten：通常の幼稚園

訳例　――　森の幼稚園

森の幼稚園は、よく「屋根も壁もない幼稚園」と言われます。森の幼稚園のコンセプトは、子どもたちが園舎の中で遊ぶのではなく、すべての時間を森の中や野外で過ごすことだからです。子どもたちはおもちゃや人形が必要ありません。自然には子どもたちがワクワクするような遊びの材料やアイデアがたくさんあるからです。暑い夏はもちろん、寒い冬でも野外で活動は行われます。子どもたちは、四季折々の自然環境を五感で感じ、創造性や想像力を高めるだけでなく、何よりも子どもたちの自立心を育みます。「森の子どもたち」は、普通の幼稚園に通っていた子どもたちに比べ、より成長しているという研究結果がよくあります。

Sich flüchten

Die deutschen Medien berichten oft über Flüchtlinge, Migranten und Asylbewerber. Wie unterscheiden sich diese drei Begriffe?

Alle drei Gruppen stellen sich ein besseres Leben in einem anderen Land vor. Umgangssprachlich redet man von Flüchtlingen, und meint alle Menschen, die aus ihrem Land geflüchtet sind. Rechtlich sieht es aber anders aus:

Flüchtlinge sind Menschen, die in ihrem Heimatland verfolgt werden.

Asylbewerber sind Flüchtlinge, die sich in einem Asylverfahren befinden. Wer Asyl bekommt, darf bleiben und bekommt auch Hilfe.

Migranten und Migrantinnen entscheiden sich, ihre Heimat aus freiem Willen zu verlassen und dadurch ihre Lebensbedingungen zu verbessern. In ihren Heimatländern gibt es oft Konflikte oder Krieg, Armut oder Hunger, Natur- oder Klimakatastrophen.

Migranten und Migrantinnen aus Krisengebieten können sich über besonderen Schutz und Hilfe freuen.

読みのヒント ―― sich⁴ flüchten：避難する　berichten：報じる　der Flüchtling, -e：難民
der Migrant , -en：移民　der Asylbewerber, –：庇護申請者　der Begriff, -e：概念、言葉
sich⁴ unterscheiden：異なる　sich³ ...⁴ vor|stellen：思い描く
umgangssprachlich：口語的な　rechtlich：法律上の　aus|sehen：(〜のように)見える
das Heimatland：故国　verfolgt < verfolgen：迫害する　das Asylverfahren：庇護手続き
sich⁴ befinden：(〜の状態に)ある　wer：…する人は　sich⁴ entscheiden：決める
der Wille, -n：意志　verlassen：去る　die Lebensbedingung, -en：生活(生存)条件
der Konflikt, -e：紛争　die Armut：貧困　die Natur- oder Klimakatastrophe, -n：自
然・気候災害　das Krisengebiet, -e：危機的な状態の地域　der Schutz：保護
sich⁴ über...⁴ freuen：…を喜ぶ

訳例 ―― 避難する

ドイツメディアは、難民や移民、庇護希望者についてよく報道します。この３つの用語をどのように区別したらいいのでしょう？

３つのグループの人々はみな、他国でのより良い生活を想像しています。口語では難民と言い、国を離れたすべての人を意味します。しかし法律的には異なります。

難民とは、自国で迫害を受けている人たちのことです。

庇護申請者とは、庇護手続き中の難民のことです。庇護が認められた人は、滞在が許可され、援助も受けられます。

移民とは自分の意志で母国を離れ、それによって生活環境を改善しようとします。彼らの母国では、紛争や戦争、貧困や飢餓、自然災害や気候変動災害などか頻繁に起こっています。

危機的状況にある地域からの移民は、特別な保護と支援に喜びを感じます。

書いてみよう

「苦情を言う」表現をチェックしましょう。

[苦情を言う表現]

Ich möchte mich beschweren.　苦情を伝えたいです。

Ich habe ein Problem. Die Kamera, die ich gestern bei Ihnen gekauft habe, funktioniert nicht.
問題があります。きのうこちらで買ったカメラが反応しません。

Ich bitte Sie um Gelderstattung oder Umtausch.
返金か交換をお願いします。

Wäre es möglich, sie umzutauschen?
交換してもらうことは可能ですか？

[実践編]

きのう電気店で買ったカメラが反応しません。店にメールを書いて苦情を言い、交換を依頼しましょう。

DL 109

Sehr geehrte Damen und Herren,

die Kamera, die ich gestern bei Ihnen gekauft habe, ist fehlerhaft und der Bildschirm auf der Rückseite ist immer dunkel. Ich kann überhaupt nichts fotografieren.

Ich möchte Sie um Gelderstattung oder Umtausch bitten. Ein Foto des Kassenbons lege ich bei.

Ich bitte um Ihre Rückmeldung.

Mit freundlichem Gruß / Mit freundlichen Grüßen
Thomas Müller

訳例：
皆様（特定の呼びかける相手がいない場合）、
きのうそちらで買ったカメラは問題があり、後ろ側の画面は暗いままです。まったく何も撮影することができません。
返金か交換をお願いできればと思います。レシートの写真を添付します。
お返事をお願いします。
敬具
トーマス・ミュラー

［ 練習 ］ 前のページを参考にしつつ、提示された語句を使いながら、今度は自分でチャレンジしてみましょう。

Sie haben am letzten Wochenende in einem Geschäft einen PC gekauft, dessen Tastatur nicht in Ordnung ist. Schreiben Sie eine Mail an das Geschäft und beschweren Sie sich. Schreiben Sie, was Sie jetzt wünschen, indem Sie ein Foto von der Quittung bzw. dem Kassenbon beilegen.

解答日本語例
皆様（特定の呼びかける相手がいない場合）、// 先週末にそちらでPCを買いました。しかしキーボードに問題があり（nicht in Ordnung）、特にaとöのキー（die Taste, -n）が機能し（funktionieren）ないことがしばしばです。／交換か返金をお願いしたいと思います。領収書の写真を添付します。／お返事をお願いします。// 敬具 ／サイン

_____ ,

_____

_____

_____

_____

_____

_____

問題文訳例：
先週末にある店でPCを買いましたが、キーボードに問題があります。その店にメールを書き、苦情を伝えてください。領収書もしくはレシートの写真を添付して、希望することを伝えてください。

解答例：
Sehr geehrte Damen und Herren,

am letzten Wochenende habe ich bei Ihnen einen PC gekauft. Aber die Tastatur ist nicht in Ordnung, vor allen funktionieren die Tasten von a und ö oft nicht.
Ich möchte Sie um Umtausch oder Gelderstattung bitten. Ein Foto von der Quittung lege ich bei.
Ich bitte um Ihre Ruckmeldung.

Mit freundlichem Gruß
_____ ［サイン］

G ドイツ語の仕組み ▶さまざまな相関接続詞、さまざまな再帰動詞

1. 接続詞の復習

語句と語句、文と文を結びつけるのが接続詞で、「並列の接続詞」と「従属の接続詞」があり、接続詞的機能を持った副詞などもこれに含めて考えることができます。簡単に復習しましょう。

①**並列の接続詞**：aber「〜だがしかし…」、denn「〜というのは…」、
　　　　　　　　　oder「〜あるいは…」、und「〜そして…」など

*後続文の語順に変更はない、つまり、定形の位置は文中2番目となります。

> 定形 hat は後続文中で2番目の位置

Hana kommt heute nicht, denn sie **hat** hohes Fieber.

ハナは今日来ない、というのは高熱があるからだ。

②**従属の接続詞**：weil「〜なので」、damit「〜の／するために」、dass「〜（という）こと」、
　　　　　　　　　wenn「〜のとき／もし〜ならば」など

*後続文は副文（従属文）となり、定形は文末に置かれます（定形後置）。

> 定形 hat は文末（定形後置）

Hana kommt heute nicht, weil sie hohes Fieber **hat**. ハナは高熱があるので今日来ない。

③**副詞的接続詞**：also「したがって、それゆえ」、dann「それから」、
　　　　　　　　　deshalb「それゆえ」など

*もともと副詞なのでこれが文中1番目、次（文中2番目）は定形…という語順になります。

> deshalb（副詞）が1番目、定形 kommt は2番目

Hana hat hohes Fieber, deshalb **kommt** sie heute nicht. ハナは高熱がある、それゆえ今日来ない。

2. 相関接続詞

「相関接続詞」とは、上の1）に分類される「並列の接続詞」を含んだ熟語的表現と考えれば結構です。「もっと知りたいドイツ語表現」に出てきた表現を中心にまとめてみましょう。

①**nicht A, sondern B「AでなくてB」**

Nicht heute, **sondern** morgen kommt Sven zu uns. 今日ではなくて明日スヴェンはうちへ来る。

②**nicht nur A, sondern auch B「Aだけでなく、Bも」**

Nicht nur ich, **sondern auch** andere Kollegen ärgern sich, weil die Maschinen nicht funktionieren.
私だけでなく他の同僚たちも、機械が動かないので怒っています。

③**sowohl A(,) als/wie auch B「Aも（,）Bも」**

Sowohl der Kopierer, **als auch** der Drucker sind defekt. コピー機も印刷機も故障しています。

④**zwar A, aber B「Aではあるが、しかしB」**

Der Künstler ist **zwar** faul, **aber** sehr begabt. その芸術家は怠け者ではあるが、とても才能がある。

⑤**entweder A oder B「AかまたはB」**

Ich kann mich **entweder** nochmals bei der Verwaltung **oder** direkt beim Chef beschweren.
もう一度総務部に苦情を言うか、それとも直接上司に言うことができる。

⑥ weder A noch B「AもBも〜ない」

Die Verwaltung lässt **weder** den Kopierer **noch** den Drucker gleich reparieren.
総務部はコピー機も印刷機もすぐには修理してくれない。

３．再帰動詞

①再帰代名詞の復習

「再帰代名詞」とは、同一文中で主語と同じ人／物／事を指す（再び主語に帰ってくる）代名詞のことでしたね。１人称と親しい間での２人称には人称代名詞を使い、３人称と丁寧な間柄での２人称にはsichを使います。一覧表でまとめて復習しましょう。

単数	1人称	2人称		3人称	複数	1人称	2人称		3人称
	（ich）	（du）	（Sie）	（er/sie/es）		（wir）	（ihr）	（Sie）	（sie）
4格	mich	dich	**sich**	**sich**	4格	uns	euch	**sich**	**sich**
3格	mir	dir	**sich**	**sich**	3格	uns	euch	**sich**	**sich**

②再帰動詞

再帰代名詞とセットで１つの意味を持つ動詞のことを、「再帰動詞」と言います。辞書では、再、再帰、(refl.)、(rfl.)、(r.)、(sich)などと表記されています。なお、sich^{4}と書いてある場合は再帰代名詞４格と、sich^{3}と書いてある場合は再帰代名詞３格と組み合わせるという意味です。

スキット、あるいは「もっと知りたいドイツ語表現」を中心に、具体例を集めてみましょう。

１）再帰代名詞４格とセットで使う再帰動詞

Sie müssen **sich** nicht **bemühen**. ← **sich^4 bemühen**「骨折りをする」
あなたが骨折りをする必要はないです。

再帰代名詞４格に、さらに特定の前置詞句が組み合わさって１つの意味を持つことも多いです。

Andreas **bemüht sich** jetzt **um** eine Stelle. ← **sich^4 um ...^{4} bemühen**「〜を得ようと努力する」
アンドレアスは今職を得ようと努力している。

Kannst du **dich** für mich **bei** der Verwaltung **melden**? ← **sich^4 bei ...^{3} melden**「〜に連絡する」
私の代わりに総務部に行って伝えてきてくれる？

Hallo! Ich muss **mich bei** Ihnen **beschweren**. ← **sich^4 bei ...^{3} beschweren**「〜に苦情を言う」
こんにちは、クレームがあるのですが。

２）再帰代名詞３格とセットで使う再帰動詞

Das **dachte** ich **mir** auch. ← **sich^3 ...^{4} denken**「〜を想像する、心に思い浮かべる」
それは私も想像してみました。

Wir können **uns** so eine teure Maschine nicht **leisten**. ← **sich^3 ...^{4} leisten**「〜を買う／奮発する」
私たちは、そんなに高価な機械を買うことはできない。

Er **bildet sich** das nur **ein**. ← **sich^3 ...^{4} ein|bilden**「〜と思い込む」
彼がそう思い込んでいるにすぎない。

Als ob das schlimm wäre!

 話してみよう

⤓ DL 111

DIALOG Probleme in der Firma (2) ～～～～～～～～～～～～～～～～～

Hana: N'abend Sven. (ärgerlich) Ich konnte heute gar nicht richtig arbeiten an meiner Praktikumsstelle!

Sven: (lacht) Als ob das schlimm wäre! Man muss nicht immer so intensiv arbeiten!

Hana: Klar, aber ich musste kopieren und zwei Kopierer waren defekt! Und mein Kollege hält mich für nicht kompetent. Als ob ich das nicht wüsste, dass ein Kopierer Papierstau haben könnte!

Sven: Nun mal langsam, ohne dass du dich sofort über den Kollegen beschwerst ...

Hana: Na ja, er konnte natürlich auch nichts dafür, tat aber so, als ob ich nicht wüsste, dass es Papierstau gibt! Das hätte ich doch gemerkt! Ich kopiere doch nicht zum ersten Mal in der Firma.

Sven: Und was war es?

Hana: Komische Geräusche! Als ob der Kopierer gleich explodieren würde! – Nun, das ist übertrieben, aber ich dachte, ich muss es melden, damit der Kopierer repariert wird, bevor er ganz kaputt ist.

Sven: Das finde ich vernünftig. Fühltest du dich von deinem Kollegen gemobbt?

Hana: Ach nein, so schlimm war es nicht. Obwohl er mich nicht immer unterschätzen sollte!

 ‥‥‥‥‥‥‥‥‥‥‥‥‥‥‥‥‥‥‥‥‥

⤓ DL 112

● あたかも〜かのように

Er tat so, als ob ich das nicht wüsste.
　　　　あたかも私がそれを知らないかのように、彼はふるまった。

als ob ich das nicht gewusst hätte.
　　　　あたかも私がそれを知らなかったかのように、彼はふるまった。

Du sagst das so, als ob es schlimm wäre.　　それがひどいことかのように君は言うね。

als ob es schlimm gewesen wäre.　　それがひどいことだったかように

訳 —— 会社で問題（２）

ハナ： こんばんは、スヴェン。（怒った様子で）今日はインターン先でぜんぜんまともに仕事ができなかった！

スヴェン：（笑って）それがひどいことのようだね！　いつもそんなに集中して仕事しなくたっていいんだよ。

ハナ： もちろん、でもコピーしないといけないのに、コピー機が２台故障していた！そして同僚は私のことを無能だと思った。コピー機が紙詰まりを起こすかもしれないことを知らないヤツみたいに！

スヴェン：まあちょっと落ち着いて、同僚への苦情をすぐに言い出さないで…。

ハナ： そうね、もちろん彼はどうしようもなかったのだけど、でも紙詰まりが起きたことを私が分かってないかのようにした。それなら私だって気がついたはずよ！あの会社でコピーするのは、これが初めてだったわけじゃないんだから。

スヴェン：それで何があったんだい？

ハナ： 変な音だった！　コピー機がすぐにでも爆発しそうな！　—— まあ、それは大げさだけど、でも、すっかり壊れてしまう前にコピー機が修理されるように報告しないとと思った。

スヴェン：それはいい考えだと思う。同僚からインメられたと感じた？

ハナ： いいえ、そんなに酷くなかった。とはいえ、私をいつも過小評価するのはやめてほしいけど！

語句 —— die Praktikumsstelle：インターン・実習の勤務先　als ob ＋接続法第２式：あたかも〜のように　schlimm：ひどい　wäre < sein の接続法第２式現在　intensiv：集中してA für B halten：A を B とみなす　kompetent：能力のある　wüsste < wissen「知っている」の接続法第２式現在　könnte < können の接続法第２式現在hätte ... gemerkt < merken「気づく」の接続法第２式過去　explodieren würde < explodieren「爆発する」の接続法第２式現在*　übertrieben：誇張されたdamit：〜するように　reparieren：修理する　kaputt[口語]：壊れたvernünftig：理性的な　mobben：いじめる、嫌がらせをするunterschätzen：過小評価する　sollte < sollen「〜すべき」の接続法第２式現在

* 正式の接続法第２式現在のかたちは explodierte ですが、規則変化動詞の場合には接続法第２式現在のかたちと直説法過去形が同じで区別がつきません。そのため特に規則変化動詞では、〔不定形＋würde〕で接続法第２式現在とします。

● 過去の非現実

Das hätte ich doch gemerkt!
それなら気づいただろうに。

Das hättest du merken sollen.
それなら気づくべきだったのに。

Ich wäre früher aufgestanden!
もっと早く起きていればなあ！

Sie hätten früher aufstehen können.
もっと早く起きることもできたでしょうに。

Wenn es das Erdbeben 2011 nicht gegeben hätte, wäre mein Leben jetzt wohl anders.
あの 2011 年の地震がなかったら、私の生活は今おそらく違ったものになっているだろう。

Wenn die Corona-Pandemie nicht gewesen wäre, hätte ich wohl im Ausland studiert.
もしコロナの病気の流行がなかったら、私はおそらく外国の大学で学んでいただろう。

119

語彙を増やそう［環境・エネルギー・リサイクル・サスティナビリティ］

●環境

die Umwelt 環境　das Umweltproblem, -e 環境問題

die Umweltverschmutzung, -en 環境汚染　die Umweltzerstörung, -en 環境破壊

der Umweltschutz 環境保護　schützen 保護する　umweltfreundlich 環境にやさしい

umweltbewusst 環境保護意識を持った　die Umwelt- / Ökosteuer, -n 環境税

der Klimawandel 気候変動　die Klimaerwärmung（気候）温暖化

die Luftverschmutzung, -en 大気汚染　das Abgas, -e 排気ガス

der saure Regen 酸性雨　die Natur 自然　die Naturkatastrophe, -n 自然災害

der Naturschutz 自然保護　das Hochwasser / die Flut, -en / die Überschwemmung,
-en 洪水　das Erdbeben, – 地震　der Taifun, -e 台風

der Waldbrand, -brände 森林火災、山火事

●エネルギー

die Energie, -n エネルギー　der Energieaufwand エネルギー消費

der Energiebedarf エネルギー需要　das Energiesparen / die Energieeinsparung, -en
省エネ　die Energiekrise, -n エネルギー危機

erneuerbar 再生可能な　erneuerbare Energien 再生可能エネルギー

die Sonnen(Solar)- / Wind- / Wasser- / Bio- / Erdwärme- / Wärme- / Atomenergie,
-n 太陽光／風力／水力／バイオマス／地熱／火力／原子力エネルギー

das Kraftwerk, -e 発電所　das Atomkraftwerk, -e / AKW, -s 原子力発電所

der Atommüll 核廃棄物　die Anti-Atomkraft-Bewegung, -en 反原子力（反原発）運動

das Ökohaus, -häuser エコハウス、省エネ住宅　der Öko-Tourismus エコ・ツーリズム

das Park-and-ride-System パーク・アンド・ライド・システム（マイカーで都市の周辺部ま
で行って駐車し、その後は公共交通機関を利用するシステム）　die Grünen 緑の党

●リサイクル

der Müll / der Abfall, -fälle ゴミ、廃棄物　die Mülltrennung ゴミの分別

trennen 分ける　der Mülleimer, – ゴミバケツ　die Mülltonne, -n（大型の）ゴミ容器

die Papier- / Bio- / Restmülltonne, -n 紙／生ゴミ／その他（分別対象に入らない）ゴミ用容器

die Müllabfuhr ゴミの回収　das Glas, Gläser ガラス容器　das Metall, -e 金属製品

der Kunststoff, -e / das Plastik プラスティック（Plastik はたいてい無冠詞で用います）

der Kompost, -e（生ゴミから作る）有機肥料、堆肥　die Einkaufstasche, -n 買い物袋

das Recycling リサイクリング、資源再利用　die Wiederverwendung, -en 再利用

wiederverwendbar / -verwertbar 再利用できる

DSD（das Duale System Deutschland GmbH）デュアルシステム・ドイチュラント（リサ
イクル促進を目的に、緑のマーク［der Grüne Punkt］がついた容器を回収・リサイクルするた
めに作られた会社）

das Pfand, Pfänder デポジット（缶やビンなどの回収の際に保証金を返金するシステム）

●サスティナビリティ

die Nachhaltigkeit 持続可能性、サスティナビリティ　nachhaltig 持続可能な、サスティナブルな

聞き取ってみよう　 DL 113

Szene　ハナがなんだかがっかりしてスヴェンと話しています。

1. ハナが行きそびれたのは？
   - ☐ コンサート　　　　　　　　　☐ 講演会
   - ☐ 大道芸大会

2. その開始時刻は？
   - ☐ 9時　　　　　☐ 10時　　　　　☐ 11時

3. ハナが起きたのは？
   - ☐ 10時　　　　　☐ 11時　　　　　☐ 12時

4. ハナの感想は？
   - ☐ 日曜日も早起きしていれば！
   - ☐ インターネットをマメにチェックしていれば！
   - ☐ 余計なことはせずにのんびり過ごさなければ！

（トランスクリプションと訳は138ページ）

表現してみよう

❶例にならい、接続法第2式を用いた「過去の非現実」を表す表現を練習してみましょう。

DL 114

例） a）Ich musste das Dach reparieren lassen. 私は屋根を修理してもらわなければならなかった。

b）Das Regenwasser ist in die Wohnung gelaufen. 雨水が住居に入り込んできた。

➡ Ich musste das Dach reparieren lassen, **sonst** wäre das Regenwasser in die Wohnung gelaufen.

私は屋根を修理してもらわなければならなかった、そうでなければ雨水が住居に入り込んできただろう。

1） a）Franz musste ein Taxi nehmen. フランツはタクシーに乗らなければならなかった。

b）Er ist zu spät zum Bahnhof gekommen. 彼は駅に着くのが遅れた。

➡ 彼はタクシーに乗らなければならなかった、そうでなければ駅に着くのが遅れただろう。

---

❷同様に、例にならって、接続法第2式を用いた「過去の非現実」を表す表現を練習してみましょう。

DL 115

例） a）Ich war nicht für die Ziele der Demonstranten. 私はデモ参加者の目的に賛成ではなかった。

b）Ich bin nicht zu der Demonstration gegangen. 私はそのデモに出かけなかった。

➡ Wenn ich für die Ziele der Demonstranten gewesen wäre, wäre ich zu der Demonstration gegangen. （= Wäre ich für die Ziele der Demonstranten gewesen, ...）

もし私がデモ参加者の目的に賛成だったら、そのデモに出かけたのだが。

1） a）Der Fahrgast hatte keinen Fahrschein. その乗客は乗車券を持っていなかった。

b）Er musste sechzig Euro Strafe zahlen. 彼は60ユーロの罰金を払わなければならなかった。

➡ その乗客が乗車券を持っていたら、60ユーロの罰金を支払わなくてもよかっただろうに。

---

❸例にならい、＜als ob＋接続法第2式＞「あたかも／まるで～のように」を使った表現を練習してみましょう。

DL 116

例） Der Mann tat so, (er / nicht laufen können)

➡ Der Mann tat so, **als ob** er nicht laufen **könnte**. その男は、まるで歩けないかのようにふるまった。

（= ..., **als wenn** er nicht laufen **könnte**. ）（= ..., **als** **könnte** er nicht laufen. ）

1） Der Professor hat so laut gesprochen, (seine Studierenden / alle schwerhörig sein)

その教授は、まるで（彼の）学生たちがみんな耳が遠いかのように、大きな声で話した。

---

❹次の会話を音読しましょう。さらにヒントを参考にして日本語にしてみましょう。

DL 117

Szene あなた（◇）がドイツ人の友人（◆）と話しています。

◆ Warum hast du am Sonntag den Vortrag von Frau Baerbock nicht besucht？

◇ Da musste ich mich für mein Referat am Montag vorbereiten, sonst wäre ich durchgefallen.

◆ Ach so, schade. Wenn du einen Doppelgänger gehabt hättest, hättest du die zwei Sachen gleichzeitig tun können.

◇ Du kannst immer mehrere Dinge gleichzeitig tun, als ob du deinen Doppelgänger hättest.

◆ Hast du das bemerkt? Ja, der eine trinkt hier mit dir einen Kaffee, und der andere arbeitet jetzt im Büro...

ヒント—— der Vortrag, Vorträge：講演　das Referat, -e：レポート、研究発表
sich⁴ für ...⁴ vor|bereiten：…の準備をする　der Doppelgänger, –：分身、そっくりの人　das Ding, -e：こと、もの　gleichzeitig：同時に

❺あなた（◇）がドイツ人の友人（◆）話しています。ヒントを参考に、ドイツ語の会話を完成させてください。

◆ Warum hast du am Wochenende nicht an der Demonstration für Umweltschutz teilgenommen?

DL 118

◇ 週末はレポートを書き上げ（meine Hausarbeit fertig schreiben）なきゃいけなかったんだ，さもないと落第し（durch|fallen）てしまっただろうから。

◆ Ach so, schade. Wenn du ein Supermann gewesen wärest, hättest du die zwei Sachen gleichzeitig tun können.

◇ 君はいつもいくつかのこと（mehrere Sachen）を同時に片づける（erledigen）ことができるよね、まるでスーパーマンでもあるかのように。

◆ Hast du das bemerkt? Ach, jetzt muss ich mich verwandeln und fliegen, um eine Dame zu retten!

ヒント—— der Umweltschutz：環境保護　an ...³ teil|nehmen：…に参加する
sich⁴ verwandeln：変身する　retten：救う

解答例

❶ 1）Franz musste ein Taxi nehmen, sonst wäre er zu spät zum Bahnhof gekommen.

❷ 1）Wenn der Fahrgast einen Fahrschein gehabt hätte, hätte er sechzig Euro Strafe nicht zahlen müssen.

❸ 1）Der Professor hat so laut gesprochen, als ob seine Studierenden alle schwerhörig wären.

❹ シーン
　◆ どうして日曜はベーアボックさんの講演に来なかったの？
　◇ 日曜は自分の発表の準備をしなければならなかったんだ、さもないと落第してしまっただろうから。
　◆ ああそう、残念だね。もし君に分身がいたら、2つのことを同時にすることができたのにね。
　◇ 君はいつもいくつかのことを同時にすることができるよね、まるで君の分身でもいるみたいに。
　◆ 気がついた？　そう、一人はここで君とコーヒーを飲んでいて、もう一人は今職場で働いてるのさ…。

❺◇ Da musste ich meine Hausarbeit fertig schreiben, sonst wäre ich durchgefallen.
　◇ Du kannst immer mehrere Sachen gleichzeitig erledigen, als ob du ein Supermann wärest.

Was wäre gewesen, wenn ...

Als meine Freundin Daniela 1980 in der ehemaligen DDR geboren worden ist, stand noch die Grenze zwischen den beiden deutschen Staaten. Als sie neun war, fiel die Berliner Mauer und danach die Grenze.

Wir trafen uns beim Studium in Heidelberg. Wenn die Mauer nicht gefallen wäre, hätten wir uns nicht kennengelernt. Wenn es die Grenze noch gäbe, was hätte sie in der DDR erlebt und wie würde sie jetzt leben? Sie wäre vielleicht Mitglied der FDJ (Freien Deutschen Jugend) geworden. Sie wäre an die Ostsee in Urlaub gefahren, oder nach Ungarn oder in ein anderes sozialistisches Land. Sie wäre bestimmt nicht in „den Westen" gefahren, nach Frankreich oder in die USA. Sie hätte vermutlich auch kein Abitur machen und nicht studieren dürfen.

Sie hätte ihren Ehemann, der in Westdeutschland aufgewachsen ist, nie kennengelernt. Sicherlich hätte sie auch als Bürgerin der DDR aber viel gelacht, und genauso viel geweint, wie sie es in ihrem Leben bisher getan hat. Aber sie ist dankbar, für die vielen Möglichkeiten, die sie jetzt hat.

読みのヒント ── 　　　 ehemalig：かつての　die Grenze：国境　der Staat, -en：国家
sich⁴ treffen：会う　erleben：体験する　das Mitglied：メンバー
der Freie Deutsche Jugend：自由ドイツ青年団（ドイツ社会主義統一党の青年組織）
die Ostsee：バルト海　in Urlaub fahren：休暇旅行に行く　Ungarn：ハンガリー
sozialistisch：社会主義の　bestimmt：きっと　vermutlich：おそらく
das Abitur：アビトゥーア（大学入学資格試験）　der Ehemann：夫
aufgewachsen < auf|wachsen：成長する　sicherlich：確かに　lachen：笑う
weinen：泣く　bisher：今まで　für ...⁴ dankbar sein：感謝している

訳例 ── もしも……どうなっていたでしょう
1980年に私の友人ダニエラが旧東ドイツに生まれた時は、まだ東西ドイツの間に国境が残っていました。彼女が9歳の時、ベルリンの壁が崩壊し、その後、国境もなくなりました。
私たちは、学生時代ハイデルベルクで出会いました。壁が崩壊していなければ、私たちは出会うことがなかったでしょう。もしも国境がまだ存在していたら、彼女は東ドイツで何を経験し、今どのように生きているのでしょう？　彼女はFDJ（自由ドイツ青年団）のメンバーになっていたかもしれません。彼女は休暇でバルト海やハンガリー、あるいは他の社会主義国に行っていたでしょう。彼女はきっとフランスやアメリカなど「西側諸国」には行かなかったでしょう。たぶん大学入学試験を受けることも、大学に進学することもできなかったでしょう。
西ドイツで育った夫と出会うことも決してなかったでしょう。東ドイツの国民だったとしても、これまでの人生でしてきたのと同じように、たくさん笑い、たくさん泣いたことでしょう。しかし彼女は今手にしているたくさんの可能性に感謝しています。

Vor der Wende

Meine Freundin Ami ist Japanerin und hat im Grundschulalter zwei Jahre lang in Ost-Berlin, der Hauptstadt der DDR, gelebt. Dort hatte ihr Vater Anfang der 80er Jahre eine Stelle. Sie besuchte eine normale staatliche Schule zusammen mit ostdeutschen Kindern. Als Japanerin durfte sie aber einmal pro Woche nach West-Berlin fahren, um eine japanische Schule zu besuchen. Und ihre Familie durfte auch London, Paris oder andere Städte besuchen. Aber Ami durfte ihren Freunden in Ost-Berlin nicht erzählen, was sie „im Westen" erlebt hatte. Als Kind hat Ami sehr gern in Ostberlin gelebt, und wünschte sich sogar, sie wäre Ostdeutsche. Wenn sie Ostdeutsche gewesen wäre, wäre sie Thälmann-Pionierin und Mitglied der FDJ geworden. Sie hätte viel mehr mit ihren Freunden unternehmen können. Als sie nach Japan zurückkehrte, hatte sie gedacht, dass sie ihre Freunde nie wiedersehen würde. Nach dem Mauerfall und nach der Wiedervereinigung war sie einerseits sehr froh, weil sie ihre Freunde nun wiedersehen konnte, andererseits war sie traurig, weil ihre „zweite Heimat", die DDR, nicht mehr existierte.

読みのヒント ── die Wende：転換期(ここではベルリンの壁崩壊から再統一の頃の転換期)
das Schulalter：就学年齢 die Stelle：職 staatlich：国立の erzählen：語る
erleben：体験する sich³ ...⁴ wünschen：願う die Thälmann-Pionierin：テールマン・ピオニールの団員〔女性形〕(社会主義教育のための少年団で子どもの９割が参加)
unternehmen：行う zurück|kehren：帰国する der Mauerfall：壁の崩壊
die Wiedervereinigung：(ドイツ)再統一 einerseits：一方で andererseits：他方で
existieren：存在する

訳例 ── 壁崩壊前
　私の友人のアミは日本人で、小学生の頃、東ドイツの首都である東ベルリンに２年間住んでいました。彼女の父親は80年代初めにそこで仕事をしていました。彼女は、東ドイツの子どもたちと一緒に、普通の公立学校に通っていました。しかし日本人として、週に一度、日本語補習校に通うために西ベルリンに行くことを許されていました。そして彼女の家族も、ロンドンやパリなどの都市を訪れることが許されていました。しかし、アミは東ベルリンの友人たちに、自分が「西」で経験したことを話すことは許されませんでした。子どもの頃、アミは東ベルリンでの生活がとても好きで、自分も東ドイツ人になりたいと思っていました。もし彼女が東ドイツ人だったら、テールマン・ピオニールの団員やFDJ(自由ドイツ青年団)のメンバーになっていたでしょう。彼女は友人たちともっと多くのことができたはずです。日本に帰国するとき、彼女は友人たちとは二度と会えないと思っていました。壁が崩壊し、再統一した後、彼女は友人たちと再会できたことをとても嬉しく思う一方で、「第二の故郷」である東ドイツがもはや存在しないことを悲しく思っていました。

✏️ 書いてみよう

過去を振り返っての反省や非難の表現をチェックしましょう。

[過去を振り返っての反省(自分について)や非難(他者について)の表現]

Ich **hätte** das früher merken **sollen**.
それにもっと早く気づくべきだったのになあ。

Wir **hätten** rechtzeitig aufhören **müssen**.
適当なところでやめないといけなかったのになあ。

Du **hättest** das genauer checken **können**.
それをもっと詳しくチェックできたろうにねえ。

Das Konzert **hätten** Sie nicht verpassen **sollen**.
そのコンサートを逃すべきじゃなかったのに。

[実践編]

日記を書いて、今日の出来事を反省しているところです。

DL 121

13.12. (Mo)

Heute war ein schrecklicher Tag. Gestern hatte ich den Wecker auf eine falsche Zeit gestellt, so dass ich erst um 8 Uhr aufgestanden bin. So habe ich den Zug, mit dem ich jeden Tag fahre, verpasst. Da war ich natürlich zu spät in der Schule. In der ersten Stunde gab es einen Test, den ich folglich nicht ganz schreiben konnte. Die Note wird schlecht ausfallen. Ach, wäre ich doch aufmerksamer! Und ich hätte den Wecker richtig stellen müssen. Oder sollte ich noch einen weiteren Wecker haben?

訳例:

12月13日（月）
今日はひどい一日だった。きのう目覚まし時計を間違った時間にセットしてしまい、起きたのはもう8時だった。それで毎日乗る電車に遅れてしまった。それで当然学校には遅刻した。1時間目にはテストが行われていて、当たり前ながら全部を書くことはできなかった。成績は悪くなってしまうだろう。ああ、もっと気をつけていればなあ！　目覚まし時計をきちんとセットしないといけなかったのに。それとももう1個目覚まし時計を買うのがいいかな？

［ 練習 ］ 前のページを参考にしつつ、提示された語句を使いながら、今度は自分でチャレンジしてみましょう。

Sie schreiben jetzt in Ihr Tagebuch und blicken auf den heutigen Tag zurück. Da ist Ihnen leider etwas Unerwartetes passiert, das Sie eigentlich hätten vermeiden können.

日本語例

12月14日（火）

今日はひどい一日だった。10時の打ち合わせに間に合うように家を出た（zur Besprechung ab 10 Uhr rechtzeitig losgehen）。途中で（auf dem Weg）雨が降り始めた。傘（der Regenschirm）がなく、取りに家に戻った。タクシーを拾おう（ein Taxi nehmen）とした。しかし雨のせいでタクシーはすべてもう人が乗っていた（besetzt）。それで15分遅れて（sich verspäten）しまった。ああ、最初から（von Anfang an）傘を持っていくべきだったなあ…

14.12.（Di）

DL 122

_____

_____

_____

_____

問題文訳例：

今度はあなたが日記を書き、今日を振り返ります。残念ながら思いもよらないことが起きましたが、それはそもそも避けることができたはずのことでした。

ドイツ語訳例：

14.12.（Di）

Heute war ein schrecklicher Tag. Ich bin zur Besprechung ab 10 Uhr rechtzeitig losgegangen. Auf dem Weg hat es angefangen zu regnen. Ich hatte keinen Regenschirm, Also bin ich zurück nach Hause gegangen, um einen zu holen. Dann wollte ich ein Taxi nehmen. Aber wegen des Regens waren alle Taxis schon besetzt. Deshalb habe ich mich um 15 Minuten verspätet. Ach, ich hätte von Anfang an einen Regenschirm mitnehmen sollen ...

G　ドイツ語の仕組み　▶接続法第2式過去、als ob など

1．接続法第2式の形

接続法第2式の形は，過去基本形をもとにして作り、主語に対応して若干の語尾変化をします。表でまとめてみます。

単数	不定形		kaufen	geben	haben	werden	sein	können
	過去基本形		kaufte	gab	hatte	wurde	war	konnte
	ich	-(e)	kaufte	gäbe	hätte	würde	wäre	könnte
	du	-(e)st	kauftest	gäbest	hättest	würdest	wärest	könntest
	Sie	-(e)n	kauften	gäben	hätten	würden	wären	könnten
	er/sie/es	-(e)	kaufte	gäbe	hätte	würde	wäre	könnte
複数	wir	-(e)n	kauften	gäben	hätten	würden	wären	könnten
	ihr	-(e)t	kauftet	gäbet	hättet	würdet	wäret	könntet
	Sie	-(e)n	kauften	gäben	hätten	würden	wären	könnten
	sie	-(e)n	kauften	gäben	hätten	würden	wären	könnten

* 過去基本形がもともと-eで終わっている場合は、語尾の(e)は省きます。
* 不規則変化動詞の場合、過去基本形の幹母音がa, o, uのときは、たいていこれを変音（ウムラオト）させます。

2．接続法第2式を用いた非現実話法

これは、英語の「仮定法」に相当する表現です。現在と、このUnitのテーマである過去の2つの時制について説明します。

①現在

現実とは逆の仮定をして、その結果を導く言い方が「非現実話法」です。

（現実）　Ich habe ganz wenig Geld. Ich kaufe den Sportwagen nicht.
　↓　　　私はほんの少ししかお金がない。私はそのスポーツカーを買わない。
（非現実）Wenn ich viel Geld **hätte**, **kaufte** ich den Sportwagen.
　　　　　たくさんお金を持っていれば、そのスポーツカーを買うのに。

非現実の文の後半には、kaufenの接続法第2式、ichが主語のときのkaufteが使われていますが、これは、ichが主語のときのkaufenの過去人称変化形とまったく同じ形です。このような場合は、werdenの接続法第2式を使って、下のように「würde ... 不定形」で言い換えるのが普通です。

Wenn ich viel Geld **hätte**, **würde** ich den Sportwagen **kaufen**.

また、仮定の部分のwennを省略して、**Hätte** ich viel Geld, ... と表現することもできます。

②過去

　過去の現実とは逆の仮定をして、その結果を導く場合には、「haben/seinの接続法第2式の形...過去分詞」の形を使います。haben と sein の使い分けについては、現在完了形を作るときと同じルールにしたがいます。詳しくは、Unit 1 の「ドイツ語の仕組み」を復習してください。

（現実）　Er war erkältet. Er hat an dem Ausflug nicht teilgenommen.
　↓　　　彼は風邪をひいていた。彼はそのハイキングに参加しなかった。
（非現実）Wenn er nicht erkältet **gewesen wäre**, **hätte** er an dem Ausflug **teilgenommen**.
　　　　　風邪をひいていなかったら、彼はそのハイキングに参加しただろうに。

　この場合も、仮定の部分のwennを省略して、**Wäre** er nicht erkältet **gewesen**, ...と表現できます。
　「もっと知りたいドイツ語表現」で学んだ例文1）は、仮定の部分が接続法第2式過去、結果の部分が接続法第2式現在、例文2）は、仮定も結果もともに接続法第2式過去で書かれていますね。

1）Wenn es das Erdbeben 2011 nicht **gegeben hätte**, **wäre** mein Leben jetzt wohl anders.
　　あの2011年の地震がなかったら、私の生活は今おそらく違ったものになっているだろう。
2）Wenn die Corona-Pandemie nicht **gewesen wäre**, **hätte** ich wohl im Ausland **studiert**.
　　もしコロナの流行がなかったら、私はおそらく外国の大学で学んでいただろう。

３．接続法第2式を用いたさまざまな表現

①仮定部分を独立させて「実現不可能な願望」の表現（dochやnurなどが入ることが多い）
Wenn ich doch Geld **hätte**! / **Hätte** ich doch Geld!　　お金があればなあ！

②「als ob/wenn ...接続法第2式」で「あたかも／まるで〜のように」
Du sagst das so, **als ob/wenn** es schlimm **gewesen wäre**.
それがひどいことだったかのように、君は言うね。

*Du sagst das so, als wäre es schlimm gewesen. と、ob/wenn を省略することができます。その場合、文末の定形 wäre が als の直後に上がってきます。

③「haben の接続法第2式 ...不定詞＋sollen（過去分詞）」で「〜すべきだったのに」
Das **hättest** du **merken sollen**.
それなら気づくべきだったのに。（しかし、「実際は気づかなかった」といったニュアンス）

*sollen のほかに、dürfen、können、müssen などでも同じような構文を作ることができます。

④仮定部分が文中の語句に含まれている場合
<u>Ohne deine Hilfe</u> **hätte** ich die Prüfung nicht **bestanden**.　　*下線部に仮定のニュアンス
君の手助けがなかったら、私はその試験に合格しなかったでしょう。

<u>Ein Deutscher</u> **würde** so etwas nicht **sagen**.　　*下線部に仮定のニュアンス
ドイツ人ならそんなことは言わないでしょうに。

ユニット ❶

Hana: Ach Sven, du bist wieder da! Wie war der Ausflug?

Sven: Ja, das war am Anfang sehr anstrengend, danach immer besser, am Ende wunderbar.

Hana: Oh, es hört sich interessant an! Erzähl mal, was da passiert ist.

Sven: Tja, am Morgen der Abreise waren wir am Bahnhof, da haben wir erfahren, dass die Züge ca. eine Stunde Verspätung hatten. Da mussten wir am Bahnhof warten. Die Cafés waren voll, alle Plätze waren besetzt, so standen wir auf dem Bahnsteig und haben bloß gewartet.

Hana: Oh, nein!

Sven: Nach eineinhalb Stunden ist der Zug gekommen. In Hamburg haben uns unsere Freunde abgeholt. Dann haben wir gleich im Auto angefangen, uns sehr lustig zu unterhalten, danach haben wir bei ihnen zu Hause eine wunderbare Zeit verbracht.

Hana: Ende gut, alles gut. Oder?

Sven: Ja, so ist das.

ハナ：　　　ああ、スヴェン、お帰りなさい！小旅行はどうだった？
スヴェン：うん、最初はとても大変で、それからだんだんによくなって、最後は素晴らしかったよ。
ハナ：　　　まあ、面白そうね。何があったか教えて！
スヴェン：ええと、出発の朝に駅に行くと、列車が約1時間遅れていることが分かったんだ。それで駅で待つ羽目になった。カフェは満員だし、空いている席はないし、それでホームに立って、ただ待っていたんだ。
ハナ：　　　まあ、ひどい！
スヴェン：1時間半して列車が来た。ハンブルクでは友だちが迎えに来てくれた。それからすぐに車のなかでとても楽しい会話が始まって、その後も彼らの家に行って素晴らしい時間が過ごせたのさ。
ハナ：　　　終わり良ければすべて良し。だね？
スヴェン：うん、そういうこと。

ユニット ❷

Hana: Andreas, ich möchte mal in die Schweiz fahren. Da hätte ich eine Frage: Wird in der Schweiz Deutsch gesprochen?

Andreas: Ja, natürlich. Da werden nicht nur Deutsch, sondern
Französisch, Italienisch und Rätoromanisch gesprochen.
Die vier Sprachen sind Amtssprachen.

Hana: So viele!? Wird aber Deutsch überall in der Schweiz
verstanden?

Andreas: Tja, laut Statistik wird Deutsch von ca. 60 Prozent der
Schweizer gesprochen. Die meisten Schweizer sprechen
mehrere Sprachen, so kann man sagen, dass Deutsch fast
überall verstanden wird.

Hana: Mir ist Rätoromanisch kein Begriff. Was für eine Sprache ist
das denn?

Andreas: Rätoromanisch ist eine Art romanische Sprache wie Italienisch
und Französisch, aber mit einer eigenen Entwicklung aus dem
Lateinischen. Es wird vor allem im Kanton Graubünden, der im
Süden der Schweiz liegt, gesprochen. Nur 0.5 Prozent der
Schweizer sprechen diese Sprache.

Hana: Interessant! Ich möchte mal dahin fahren.

ハナ：　　　　アンドレアス、スイスに行きたいんだけど。それで質問があるの。スイス
　　　　　　ではドイツ語は話されている？
アンドレアス：そう、もちろんさ。ドイツ語だけでなく、フランス語、イタリア語とロマ
　　　　　　ンシュ語も話されているよ。この４言語がいわゆる公用語なんだ。
ハナ：　　　　そんなにたくさん⁉ でも、ドイツ語はスイスのどこに行っても通用する？
アンドレアス：そうだなあ、統計によると、ドイツ語は約60パーセントのスイスの人た
　　　　　　ちが話している。たいていのスイス人はいくつかの言語が話せるから、そ
　　　　　　の意味ではドイツ語はどこでも通用すると言っていいだろうね。
ハナ：　　　　ロマンシュ語って私は知らない。いったいどんな言語なの？
アンドレアス：ロマンシュ語はイタリア語やフランス語のようにラテン語から派生した言
　　　　　　語だけど、独自の発展をしたんだ。特にグランビュンデン州という、スイ
　　　　　　スの南にある州で話されているよ。たった0.5パーセントのスイスの人し
　　　　　　かこの言語を話していないんだ。
ハナ：　　　　面白いわね！ 一度行ってみたいわ。

ユニット③

Sven: Hana, isst du gern Schokolade?

Hana: Ja, natürlich! Aber warum?

Sven: In Köln gibt es ein Museum für Schokolade, das Schokoladenmuseum.
Warst du schon mal da oder hast du mal schon davon gehört?

Hana: Nein, noch nicht. Was kann man da machen?

Sven: Da kann man die Geschichte der Schokolade erfahren und sehen, wie die Schokolade hergestellt wird. Und interessant ist: Da kannst du deine eigene Schokolade machen!

Hana: Wirklich? Da muss ich mal hin! Ist das Museum populär?

Sven: Ja, und wegen des guten Rufes kommen jährlich ca. 650 000 Besucher in dieses Museum. Es ist eines der populärsten Museen in Köln.

Hana: Und wo ist denn das Museum?

Sven: Es liegt am Rhein und in der Nähe der Altstadt. Vom Dom kannst du leicht zu Fuß zum Museum kommen.

スヴェン：ハナ、チョコレートは好きかい？

ハナ： ええ、もちろん！ だけど、どうして？

スヴェン：ケルンにはチョコレートの博物館、Schokoladenmuseum があるんだ。行ったことはある？ あるいは聞いたことは？

ハナ： いいえ、まだよ。何ができるの？

スヴェン：チョコレートの歴史に触れたり、チョコレートがどんなふうに生産されるかを見たりできる。面白いのは、君自身のチョコレートを作れるんだ！

ハナ： 本当？ ならば行かないと。博物館は人気があるの？

スヴェン：うん、評判がいいこともあって、毎年65万人も入館するんだ。ケルンで最も人気がある博物館のひとつだよ。

ハナ： それで博物館はどこにあるの？

スヴェン：ライン河畔で、旧市街の近くにあるんだ。大聖堂から歩いて簡単に博物館に行けるよ。

ユニット 4

Hana: Na, schau mal da! Es gibt eine sehr interessante Ausstellung. Ich muss unbedingt hingehen! Hast du Lust, mitzukommen?

Andreas: Moment, Moment! Es kommt drauf an. Worum geht es denn?

Hana: Es geht um die Malerei der deutschen Renaissance! Dürer, Cranach, Holbein, Altdorfer ...
Ach, traumhaft!

Andreas: Na ja, lauter alte Meister. Ich interessiere mich eher für moderne Kunst.

Hana: Ja, ich weiß, dass du z.B. Josef Beuys toll findest. Aber ohne Dürer kannst du moderne deutsche Kunst nicht verstehen!

Andreas: O.k., du hast recht. Ich komme mit. Wann gehen wir dahin? Am Samstag?

Hana: Tut mir leid, da kann ich nicht. Wie wär's am Donnerstagabend? Da gibt es eine „Museumsnacht". Da bleiben die Museen bis 22 Uhr geöffnet.

Andreas: Das ist eine gute Idee! Dann am Donnerstagabend.

ハナ： ねえ、あそこを見て！ とても面白い展覧会があるわ。絶対に行かないと！ 一緒に来る気はある？

アンドレアス：待って、待って！まだ決められないよ（それ次第だ、が直訳）。何が展示されてるの？

ハナ： ドイツ・ルネサンスの絵画よ。デューラー、クラーナハ、ホルバイン、アルトドルファー…。ああ、夢みたい！

アンドレアス：まあねえ、古い巨匠ばかりだね。どちらかと言うと、現代芸術に興味があるんだ。

ハナ： そうね、分かってるわ、あなたが例えばヨーゼフ・ボイスを素晴らしいと思っていること。だけどデューラーなしでは現代ドイツ芸術は理解できないの！

アンドレアス：わかったよ、その通りだね。一緒に行くよ。いつ行く？ 土曜日？

ハナ： ごめんね、土曜は行けない。木曜の夜はどう？「美術館の夜」が行われているから。美術館は22時まで開いているし。

アンドレアス：それはいい考えだね。じゃあ木曜日の夜に。

ユニット⑤

Andreas: Hana, könntest du mir bitte einen Gefallen tun?

Hana: Ja, gerne! Womit kann ich dir helfen?

Andreas: Ich koche gerade japanisch. Könntest du mir bitte sagen, wie man Sushi-Reis zubereitet? Die Beschreibung in Kochrezepten im Internet reicht mir nicht.

Hana: Ah, das ist nicht so kompliziert, wie man denkt. Man tut den gekochten Reis in eine große Schüssel und gießt in kleinen Mengen Essig, der mit Zucker verrührt ist, darüber. Dabei kühlt man z.B. mit einem Fächer den Reis, dadurch bekommt er einen schönen Glanz.

Andreas: Interessant! Aber ich habe keinen Fächer …

Hana: Kein Problem. Ich hole gleich einen. Hier! Also, ich gieße den Essig über den Reis und kühle mit dem Fächer. Könntest du dabei bitte den Reis und den Essig gut mischen?

Andreas: Alles klar! Ich bin gespannt!!

アンドレアス：ハナ、よかったら助けてもらえるかな。
ハナ：　　　喜んで。何をしてあげればいい？
アンドレアス：ちょうど日本料理を作っているんだ。どういうふうに寿司のごはんを作る
　　　　　　　か教えてくれるかな？ インターネットのレシピの説明だと足りないんだ。
ハナ：　　　あら、それは考えるほど難しくはないの。炊いたごはんを大きなボウルに
　　　　　　　空けて、砂糖を混ぜた酢を少しずつ加えていく。そのときに、例えば団扇
　　　　　　　でごはんを冷やすと、それでお米はきれいに輝くようになる。
アンドレアス：面白いね！ でも団扇はないな…。
ハナ：　　　大丈夫。持ってくるね。これよ！ じゃあ、酢を注いで団扇でごはんを冷や
　　　　　　　すね。そのときにごはんと酢をよく混ぜてくれる？
アンドレアス：わかった！ ワクワクだなあ！

ユニット ⑥

Andreas: Wer kann jetzt für uns alle einkaufen gehen? Will niemand?
Wer einkauft, bekommt etwas dafür! Es ist ja kein
Geheimnis, dass ich gestern ein großes Paket von meinen
Eltern bekommen habe!

Hana: Tja, ich habe gerade viel Arbeit, aber für uns alle etwas zu
tun, ist auch wichtig. Sag mal bitte, was ich einkaufen soll.

Andreas: Klopapier, Spülmittel, Waschmittel, Putzmittel für das Bad
und für das Klo.

Hana: Moment, ich schreibe das auf.

Andreas: Dann noch einmal: Klopapier, Spülmittel, Waschmittel,
Putzmittel für das Bad ...

Hana: Und für das Klo.

Andreas: Genau!

Hana: Und was bekomme ich?

Andreas: Was du bekommst, sage ich dir noch nicht. Das erfährst du
erst, wenn du zurück bist.

Hana: Ach, das ist gemein! Aber o.k., ich lasse mich überraschen!

アンドレアス：誰か僕たちみんなのために今から買い物に行ける？ 誰も行かない？ 買い
　　　　　　　物してくれる人は何かもらえるんだけどなあ！ きのう僕が両親から大きな
　　　　　　　荷物をもらったことは、みんな知っているよね。
ハナ：　　　まあね、今たくさん仕事があるけど、私たちみんなのために何かするのも
　　　　　　　大事だし。何を買うのか言ってよ。
アンドレアス：トイレットペーパー、食器用洗剤、衣類の洗剤、風呂用とトイレ用の洗剤。
ハナ：　　　待って、メモする。

アンドレアス：ではもう一度。トイレットペーパー、食器用洗剤、衣類の洗剤、風呂用の
　　　　　　　洗剤…
ハナ：　　　　そしてトイレ用の洗剤。
アンドレアス：その通り。
ハナ：　　　　それで何がもらえる？
アンドレアス：何がもらえるかはまだ言わないよ。戻ったら分かるよ。
ハナ：　　　　それはひどい！ でもいいわ、サプライズを待っているね。

ユニット 7

Hana:	Guten Tag! Was kostet eine Eintrittskarte für Erwachsene?
Mann am Schalter:	Für Erwachsene kostet der Eintritt 14 Euro, mit Führung 20 Euro.
Hana:	Ich habe einen Studentenausweis. Gibt es eine Ermäßigung?
Mann:	Selbstverständlich! Studierende zahlen 4 Euro für den Eintritt.
Hana:	Meine Schwester ist noch Schülerin …
Mann:	Wie alt ist sie? 16? Für Jugendliche ist der Eintritt ebenso 4 Euro.
Hana:	Dann hätte ich gerne zwei Karten für Erwachsene, eine für Studierende und eine für Jugendliche.
Mann:	Das macht dann 36 Euro.

ハナ：　　　こんにちは！ 大人の入場券は1枚おいくらですか？
窓口の男性：大人の入場券は14ユーロで、ガイド付きだと20ユーロです。
ハナ：　　　ここに学生証があるのですが。割引はありますか？
男性：　　　もちろんですよ！ 学生の入場は4ユーロです。
ハナ：　　　妹はまだ生徒なのですが…。
男性：　　　何歳です？ 16歳？ 青少年は同じ4ユーロの入場券です。
ハナ：　　　では、大人を2枚、学生1枚と青少年1枚をください。
男性：　　　それでは合計で36ユーロです。

ユニット 8

Hana:	Weißt du, welches Land größer ist, Deutschland oder Japan?
Andreas:	Nein, das weiß ich nicht. Vielleicht Deutschland?
Hana:	Nein. Japan mit ca. 360 000 Quadratkilometern ist ein wenig größer als Deutschland mit ca. 350 000 Quadratkilometern.
Andreas:	Dann ist Deutschland fast so groß wie Japan, oder?

Hana: Da hast du recht. Und die nächstes Quizfrage: Ist der höchste Berg in Japan höher als der höchste Berg in Deutschland?

Andreas: Ach, was weiß ich ... Der Fuji ist höher?

Hana: Richtig! Die Zugspitze ist niedriger als der Fuji. Die Zugspitze ist 2962 Meter hoch, der Fuji 3776 Meter.

Andreas: Japan hat viele Inseln und hohe Berge. Auch das Meer ist wohl schön. Da muss ich einmal hinfahren und sehen, wie schön das Land ist.

ハナ： ドイツと日本ではどちらの国が大きいか知っている？

アンドレアス：いや、知らないよ。たぶんドイツかな？

ハナ： 残念、違うよ。日本は約36平方キロメートルで、約35平方キロメートルのドイツよりも少しだけ大きいの。

アンドレアス：ならば、日本はほとんどドイツと同じ大きさだよね。

ハナ： その通り。では次のクイズ。日本の最高峰は、ドイツの最高峰よりも高い？

アンドレアス：ええと、どうだっけ…。富士山のほうが高い？

ハナ： 正解！ ツークシュピッツェのほうが富士山より低い。ツークシュピッツェは2962メートル、富士山は3776メートル。

アンドレアス：日本はたくさんの島があって、山も高い。たぶん海もきれいなんだろうね。一度行って、どんなに美しい国か見てみないとな。

ユニット ⊚

Verkäufer: Guten Tag. Willkommen im Elektro-Shop Hammer. Wie kann ich Ihnen helfen?

Hana: Hallo! Ich muss mich bei Ihnen beschweren.

Verkäufer: Oh, Um was geht es denn?

Hana: Gestern habe ich bei Ihnen diesen Staubsauger gekauft, aber er funktioniert überhaupt nicht.

Verkäufer: Überhaupt nicht?! Darf ich mal checken? (Er checkt) ... Ach, tatsächlich. Das tut mir sehr leid. Haben Sie den Kassenbon?

Hana: Ja, hier ist er.

Verkäufer: Sie haben jetzt zwei Möglichkeiten: Entweder Sie nehmen den gleichen Staubsauger, der aber funktioniert, oder einen Gutschein über den Geldbetrag, den Sie dann bei uns benutzen können.

Hana: Da möchte ich lieber den gleichen Staubsauger. Ich möchte aber nicht den grünen, sondern gerne einen roten haben. Geht das?

Verkäufer: Kein Problem. Wann können Sie ihn abholen? Oder soll ich Ihnen das Produkt schicken?

Hana: Ich komme dann morgen Vormittag. Danke. Tschüs!

Verkäufer: Tschüs! Auf Wiedersehen!

店員：こんにちは。ハマー電気店にようこそ。何かお手伝いしましょうか。

ハナ：こんにちは、クレームがあるのですが。

店員：おや、何か問題でも？

ハナ：きのうこちらでこの掃除機を買ったのですが、ぜんぜん動かないのです。

店員：全然？ ちょっと見させてもらえますか？（チェック中）… おや、本当ですね。申し訳ありません。レシートはお持ちですか？

ハナ：ええ、ここにあります。

店員：ふたつ可能性があります。ちゃんと動く同じ掃除機と交換するか、私どもの店で使える同額の商品券をお選びになるかです。

ハナ：それならば同じ掃除機のほうがいいです。でも、緑のではなくて、赤のがほしいです。大丈夫ですか？

店員：大丈夫です。いつ持ち帰られますか？ それとも製品をお送りしましょうか？

ハナ：では、明日の午前中に来ます。ありがとう。さよなら！

店員：さよなら。またのお越しを！

ユニット １０◎

Hana: Ach, wenn ich vorher gewusst hätte, dass es heute ein Cembalo-Konzert gibt!

Sven: Hast du etwas verpasst?

Hana: Ja, heute Vormittag gab es eine Matinee von einer sehr bekannten Cembalistin mit Werken von Bach, Froberger und anderen Komponisten.

Sven: Sehr interessant! Und?

Hana: Heute Morgen habe ich ganz zufällig im Internet gesehen, dass das Konzert heute ab 10 Uhr stattfindet!

Sven: Heute Morgen? Das klingt so, als ob du eine Frühaufsteherin wärest ...

Hana: Tja, das bin ich ja nicht, besonders am Sonntag nicht. Ich bin erst so nach 11 Uhr aufgestanden. Da war es natürlich zu spät ...

Sven: Klar, das ist Pech.

Hana: Ja, schade! Hätte ich doch im Internet früher gecheckt, was los ist ...

ハナ：	ああ、今日チェンバロ・コンサートがあることを前から知っていたらなあ！
スヴェン：	何か逃してしまったかい？
ハナ：	ええ、今日の午前、有名な女性チェンバロ奏者がバッハやフローベルガーや他の作曲家の作品を演奏するマチネー（午前中の演奏会）があったの。
スヴェン：	とても面白そうだね！ それで？
ハナ：	今日の朝、まったく偶然に発見したの、コンサートが今日10時からだって！
スヴェン：	今日の朝？ なんだか君が早起きのように聞こえるけど…
ハナ：	まあね、特に日曜にはそうじゃないけどね。起きたのはやっと11時ごろ。で、もちろん遅すぎたわけ…。
スヴェン：	そうだね、運がなかったね。
ハナ：	ほんと残念！ 何があるのかもっと早めにインターネットでチェックしていたらなあ…

自分で勉強を進めるためのヒント

　B1 レベルになると、ドイツ語の教材も使って、自力で勉強を進めていく必要があります。そのために参考となる HP などを紹介します。

⌨ Goethe-Institut（東京ドイツ文化センター）

　　https://www.goethe.de/ins/jp/ja/sta/tok/prf/gzb1.cfm

　B1 の Zertifikat 試験を実施している、「ゲーテ・インスティトゥート」の HP です。試験の情報のみならず、試験準備のための練習問題や、実際の試験のデジタル版の見本などを見ることができます。また、オンラインでの試験準備コースに申し込むことも可能です。
　また、次のサイトは、無料のドイツ語練習素材を提供しています（ドイツ語）。

　　https://www.goethe.de/ins/jp/de/spr/ueb.html

　教材のひとつ、Unsere Straße は、通りを移動しながら家の中や店に入ったりして、会話を聞いたり、問いかけに対する答えを考えたりと、インタラクティブな練習ができます。

⌨ Deutsche Welle（ドイチェ・ヴェレ）の „Deutsch lernen"

　　https://www.dw.com/de/deutsch-lernen/s-2055
　　（日本語版はありませんが、英語版などもあります。）

　Deutsche Welle は、ドイツ国営の国際放送局です。ニュースはもちろんですが、B1 に限らない、あらゆるレベルに対応した豊富な教材が用意されています。また、レベル表示（Niveaustufen）されているので、自分のレベルにあった教材を探すことが可能です。1 つだけ紹介すると（2022 年 3 月現在）、„Nocos Weg" という映像や音声、テキストやインタラクティブな練習などが充実した、初級 A1 から中級 B1+ までをカバーする教材（もちろん無料！）などがあります。ぜひ一度覗いてみてください。

⌨ YouTube
　無料のビデオ教材（朗読など）も提供されているので、探してみてください。

▶ Learn German
　　https://www.youtube.com/channel/UC8Km0txKTISPYIJF9HwPZMA

▶ Deutsch Lernen
　　https://www.youtube.com/channel/UC_FbRs9OJRXyUFjEa7ug3gw

　また、Deutsche Welle のところで紹介した „Nicos Weg" のサブタイトルつきバージョンもあります。その他にもたくさんあります。自分で検索してみるといいでしょう。

🗂B1試験対策の参考書

　ドイツ語圏で出版されているB1試験のための対策本は、ある程度進歩してきたら、試験を受けるにしても受けないにしても、勉強してみる価値があります。インターネットで注文できます。

📗 Balser, Glotz-Kastanis, u.a.: Zertifikat B1 neu: 15 Übungsprüfungen.
Deutsch als Fremdsprache / Übungsbuch + MP3-CD. Hueber 2014.

📘 Maenner: Prüfungstraining DaF - B1: Zertifikat Deutsch/telc Deutsch
B1 - Übungsbuch. Cornelsen 2021 (2. Auflage).

📙 Braun, Hohmann, u.a.: DaF leicht B1: Prüfungstrainer mit Audios (DaF leicht:
Deutsch als Fremdsprache für Erwachsene). Klett-Sprachen 2019.

🗂B1 レベルの読本

　ドイツ語圏の出版社から、ドイツ語学習者向けでレベルを明示した読本が多数出ています。すべてを紹介するのは無理ですので、出版社とシリーズ名を3つ紹介します。こちらもインターネットで注文可能ですし、大学図書館に入っているかも…（獨協大学図書館には、他のレベルも揃っています）。

📗 Hueber社：Hueber Lektüren
　　（レベル設定は主にB1までになっており、多読の練習に有効です）

📘 Cornelsen社：Die DaF-Bibliothek, Die DaF-Lernkrimi
　　（特に後者は、推理小説仕立てです）

📙 Klett Sprachen社：Easy Readers (DaF), Tatort-DaF
　　（前者は名作をB1レベルに合わせた読本が中心、後者はHörkrimiと銘打って、聞き取り練習もできます）

著者略歴（Alphabet 順）

岡村 りら（おかむら　りら）
　　獨協大学外国語学部ドイツ語学科准教授を経て、専修大学国際コミュニケーション学部
　　准教授
　　ドイツ語教育関連著書：『スタート！ドイツ語 A1』『スタート！ドイツ語 A2』（白水社）、『キ
　　クタンドイツ語　入門編』『キクタンドイツ語　初級編』（アルク）など。
　　NHK E テレ「テレビでドイツ語」（2012、2013 年度）で講師を担当。

矢羽々 崇（やはば　たかし）
　　獨協大学外国語学部ドイツ語学科教授
　　岩手県盛岡市出身。
　　ドイツ語教育関連著書：『スタート！ドイツ語 A1』『スタート！ドイツ語 A2』（白水社）、『読
　　んで味わうドイツ語文法』（研究社）など。他に『「歓喜に寄せて」の物語：シラーとベー
　　トーヴェンの「第九」』『第九　祝祭と追悼のドイツ 20 世紀史』（現代書館）など。
　　NHK ラジオドイツ語講座入門編（2000 年度）と応用編（2001、2002、2007 年度）、
　　NHK E テレ「テレビでドイツ語」（2008、2009 年度）で講師を担当。

山本 淳（やまもと　あつし）
　　獨協大学外国語学部ドイツ語学科教授
　　愛知県岡崎市出身。
　　ドイツ語教育関連著書：『スタート！ドイツ語 A1』『スタート！ドイツ語 A2』（白水社）、『読
　　める聞けるドイツがわかる！』『これなら覚えられる！ドイツ語単語帳』（NHK 出版）など。
　　NHK ラジオドイツ語講座入門編（2002 年度）と応用編（2002、2004、2015 年度）で
　　講師を担当。

渡部重美（わたなべ　しげみ）
　　獨協大学外国語学部ドイツ語学科教授
　　神奈川県横須賀市出身。
　　ドイツ語教育関連著書：『スタート！ドイツ語 A1』『スタート！ドイツ語 A2』（白水社）、『ド
　　イツ語実力養成講座　探偵グラマティックの事件ファイル』（三修社）など。
　　NHK ラジオドイツ語講座応用編「心に響くドイツの文学」（2006 年度）、入門編「ゾフィ
　　ーのドイツ語教室」（2011 年度）で講師を担当。

Angelika Werner（アンゲリカ・ヴェルナー）
　　獨協大学外国語学部ドイツ語学科名誉教授
　　ドイツ Weinsberg 市出身、1994 〜 2021 年日本滞在。
　　ドイツ語教育関連著書：『スタート！ドイツ語 A1』『スタート！ドイツ語 A2』（白水社）、『読
　　める聞けるドイツがわかる！』（NHK 出版）、『最効率！ 例文で覚えるドイツ語単語』（研
　　究社）など。
　　NHK ラジオドイツ語講座入門編と応用編（2002 〜 2015 年度）で講師を担当。

スタート！ドイツ語 B1

2022 年 5 月 5 日　第 1 刷発行
2024 年 2 月 25 日　第 2 刷発行

　　　　　　　　　　岡　村　り　ら
　　　　　　　　　　矢　羽　々　崇
　　著　者 ©　山　本　　　淳
　　　　　　　　　　渡　部　重　美
　　　　　　　　アンゲリカ・ヴェルナー

　　発行者　　岩　堀　雅　己
　　印刷所　　株 式 会 社 三 秀 舎

101-0052 東京都千代田区神田小川町 3 の 24
発行所　電話 03-3291-7811(営業部), 7821(編集部)　　株式会社　白水社
www.hakusuisha.co.jp
　　乱丁・落丁本は送料小社負担にてお取り替えいたします。

振替 00190-5-33228　　　Printed in Japan　　　誠製本株式会社

ISBN 978-4-560-08937-8

必携ドイツ文法総まとめ （改訂版）

中島悠爾，平尾浩三，朝倉巧 著

現代ドイツ語文法を要領よくまとめたハンドブックとして定評のある元版の改訂版．新正書法に関わる部分を中心として説明文・例文の書き換え・差し替えを行い，新たに補遺を追加． 【2色刷】Ｂ６判　172頁

中級学習者のための
ドイツ語質問箱　100の疑問

田中雅敏 著

外国語の勉強はわからないことだらけ．学習者から寄せられたさまざまな疑問にドイツ語学の先生がやさしく丁寧に答える待望の一冊．ちょっと詳しい文法用語集と索引付． 四六判　238頁

中級ドイツ語のしくみ

清野智昭 著

圧倒的なわかりやすさで評判の『ドイツ語のしくみ』の著者が，さらなる一歩を目指す人のためにドイツ語上達のコツを伝授する．なぜドイツ語はこう考えるのか．読む文法書！ 四六判　293頁

スタート！ドイツ語 A1 （CD付）

岡村りら，矢羽々崇，山本淳，渡部重美，アンゲリカ・ヴェルナー 著

自己紹介ができる．買い物や仕事，身近なことについて簡単な会話ができる．全世界共通の語学力評価基準にのっとったドイツ語入門書． 【2色刷】A5判　181頁

スタート！ドイツ語 A2

岡村りら，矢羽々崇，山本淳，渡部重美，アンゲリカ・ヴェルナー 著

短い簡単な表現で身近なことを伝えられる．話す・書く・聞く・読む・文法の全技能対応．全世界共通の新基準．音声無料ダウンロード． 【2色刷】A5判　190頁